KB235697

쉬워도 너~무 쉬운
강경애의
쉬운
왕! 우쿨렐레
EASY UKULELE
1

samhoETM

머리말

　요즘은 텔레비전 광고나 예능 프로그램 속에서 우쿨렐레를 자주 만나게 됩니다. 뿐만 아니라 문화센터, 방과 후 교실, 유치원과 어린이 집 등에서도 우쿨렐레를 도입하고 지도하는 곳이 많이 늘어나고 있습니다. 그러나 이런 현실과는 달리 지금까지 출간된 대부분의 교재들은 초등학교 3, 4학년이상의 학생들이 배우기에 적합한 수준에 머물러 있었습니다. 그래서 이번에 초등학교 저학년 학생뿐만이 아니라 실버 세대부터 유치원생 어린이들까지도 쉽게 우쿨렐레를 배울 수 있는 교재를 기획하게 되었습니다.

　본 교재 〈강경애의 왕! 쉬운 우쿨렐레 1, 2〉는 다음과 같은 특징을 가지고 있습니다.

1. 어린이의 눈높이에 맞추어 난이도를 세밀하게 조절하였으므로, 이 교재를 순서대로 배워나가면 자연스럽게 실력이 향상되도록 구성하였습니다.
2. 처음 도입 부분에 세 줄만으로도 쉽게 코드 반주를 하며 노래 부를 수 있도록 하여 배움의 부담을 크게 줄였습니다.
3. 코드 반주뿐만 아니라 멜로디 연주도 쉽게 익힐 수 있도록 하였으며 2권에서는 다양한 장르의 리듬과 코드를 배울 수 있도록 하였습니다.
4. 연주에 대한 이해를 돕기 위해서 QR코드를 통해 스마트 폰으로 동영상을 볼 수 있도록 하였으며, 2권에는 반주MR을 담아서 즐겁게 우쿨렐레를 연주하고 발표회 등에 활용할 수 있도록 하였습니다.

　아무쪼록 본 교재가 처음 우쿨렐레를 배우는 어린이들에게 좋은 음악적 감성을 이끌어주고 즐겁고 행복한 마음으로 음악을 접할 수 있는 계기를 마련해 주었으면 합니다.

　끝으로 이 책이 출간되기까지 도움을 주신 삼호ETM의 임직원분들과 환영씨, 사진촬영에 도움을 주신 류재형 교수님, 반주MR을 만들어 주신 뮤저의 양승호 님, 동영상 촬영에 도움을 주신 최정윤 선생님, 박은영 선생님과 예쁜 딸 지아, 박순열 원장님과 희연 선생님, 강샤론 선생님, 신소의 선생님, 박윤희 선생님, 차범주 선생님, 노기향 님, 장수진 님, 전미균 님, 배병란 원장님께 깊은 감사의 인사를 드립니다.

2013년 2월

강경애

차례

강경애의 왕!쉬운 우쿨렐레 1 권은
현재까지 우리에게 익숙하고 유명한 곡들을
QR코드를 통해 모범 연주 영상과 동영상 강의를 감상할 수 있습니다.
자세한 설명과 QR코드 영상으로 우쿨렐레를 더욱 쉽게 연주해 보세요.

우쿨렐레
살펴보기

연주할 때의 손 모양이 마치 벼룩이 톡톡 튀는 것처럼 보인다고 해서 하와이어로 벼룩(uku)과 톡톡 튄다(Lele)가 합쳐져서 우쿨렐레(ukulele)가 되었어요.

기타와 비슷한 모양이지만 크기도 작고 모양과 종류가 다양하답니다.

남녀 노소 누구나 배우기 쉬어요

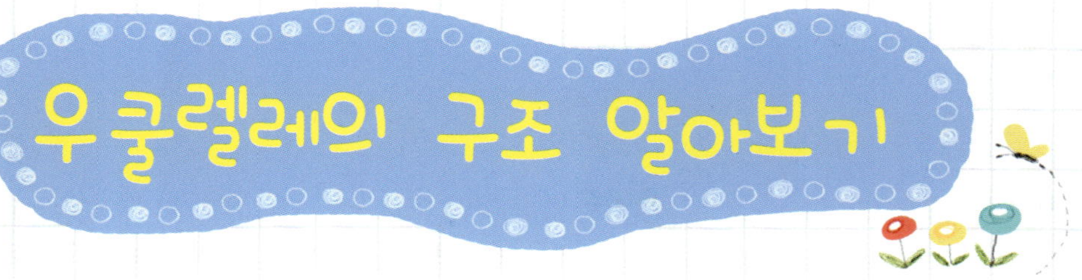

우쿨렐레의 구조 알아보기

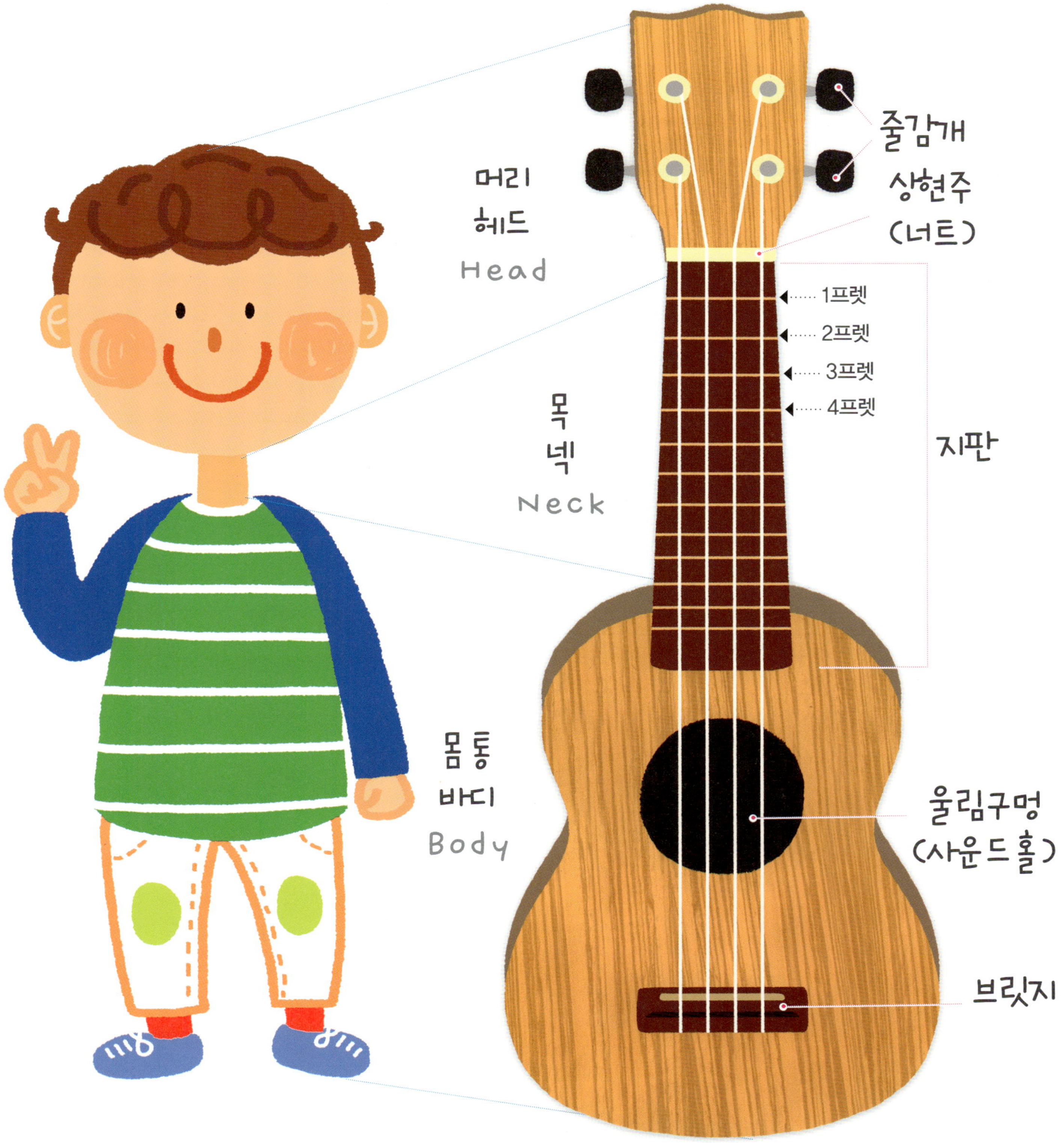
머리
헤드
Head
목
넥
Neck
몸통
바디
Body
줄감개
상현주
(너트)
1프렛
2프렛
3프렛
4프렛
지판
울림구멍
(사운드홀)
브릿지

우쿨렐레 줄 이름

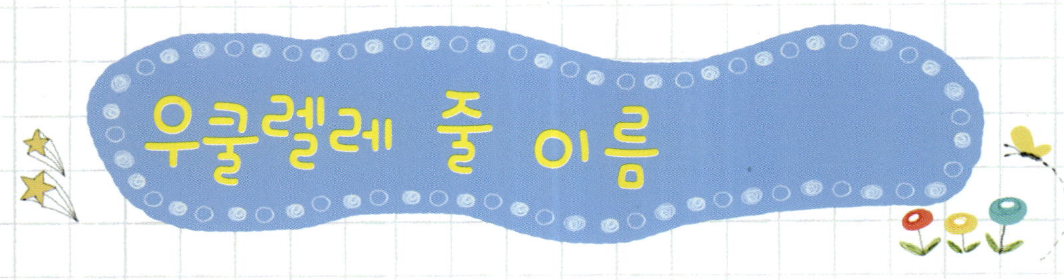

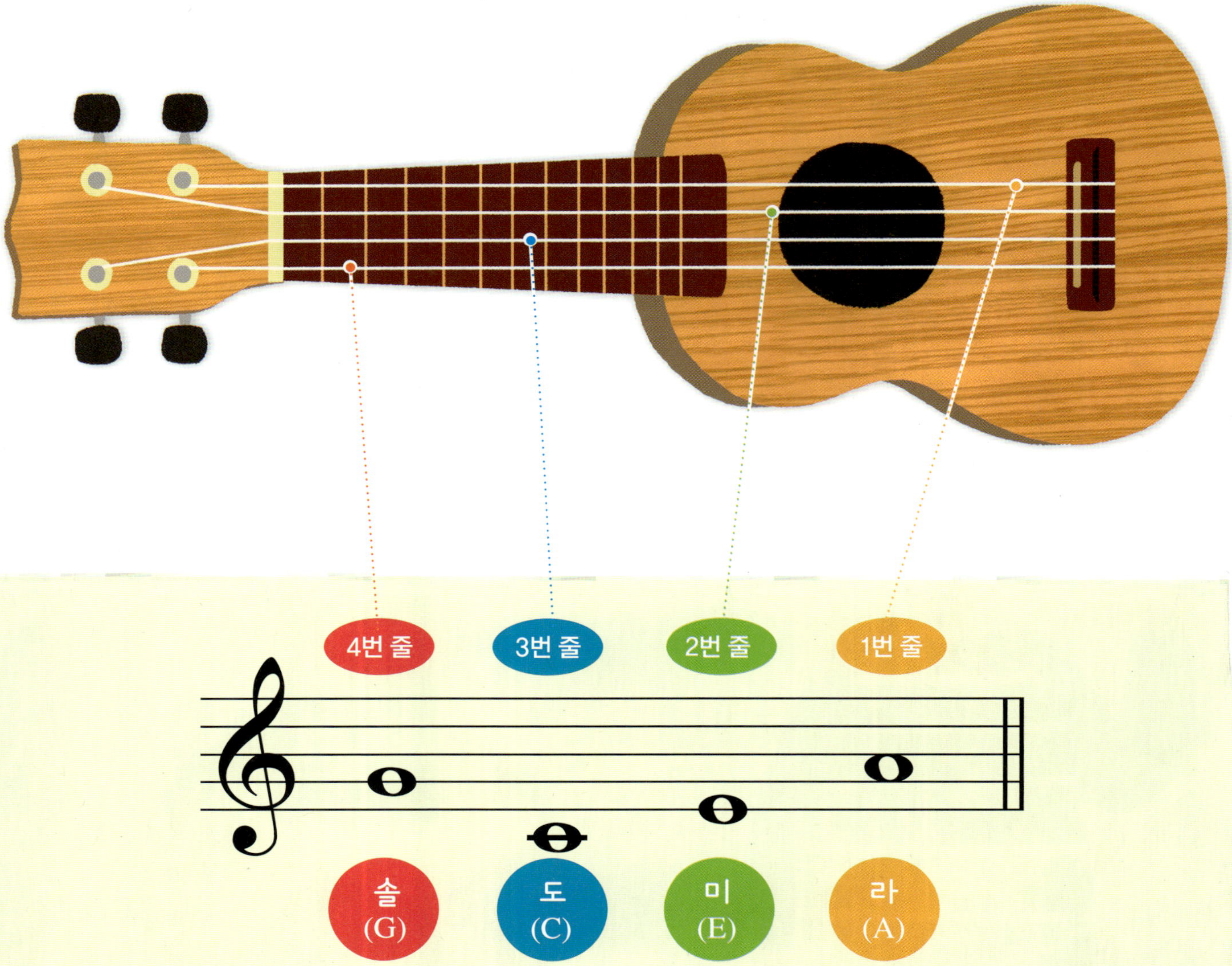

♪ 솔, 도, 미, 라 처럼 왼손으로 아무곳도 누르지 않고 오른손만으로 뚱겨서 나오는 음을 '개방음'이라고 하며 이러한 줄을 '개방현'이라고 합니다.

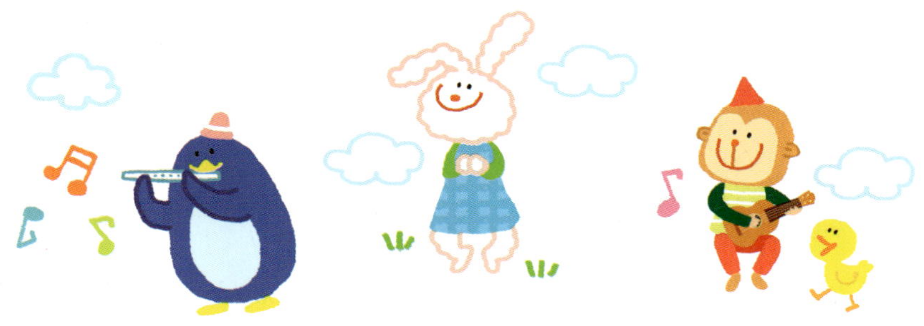

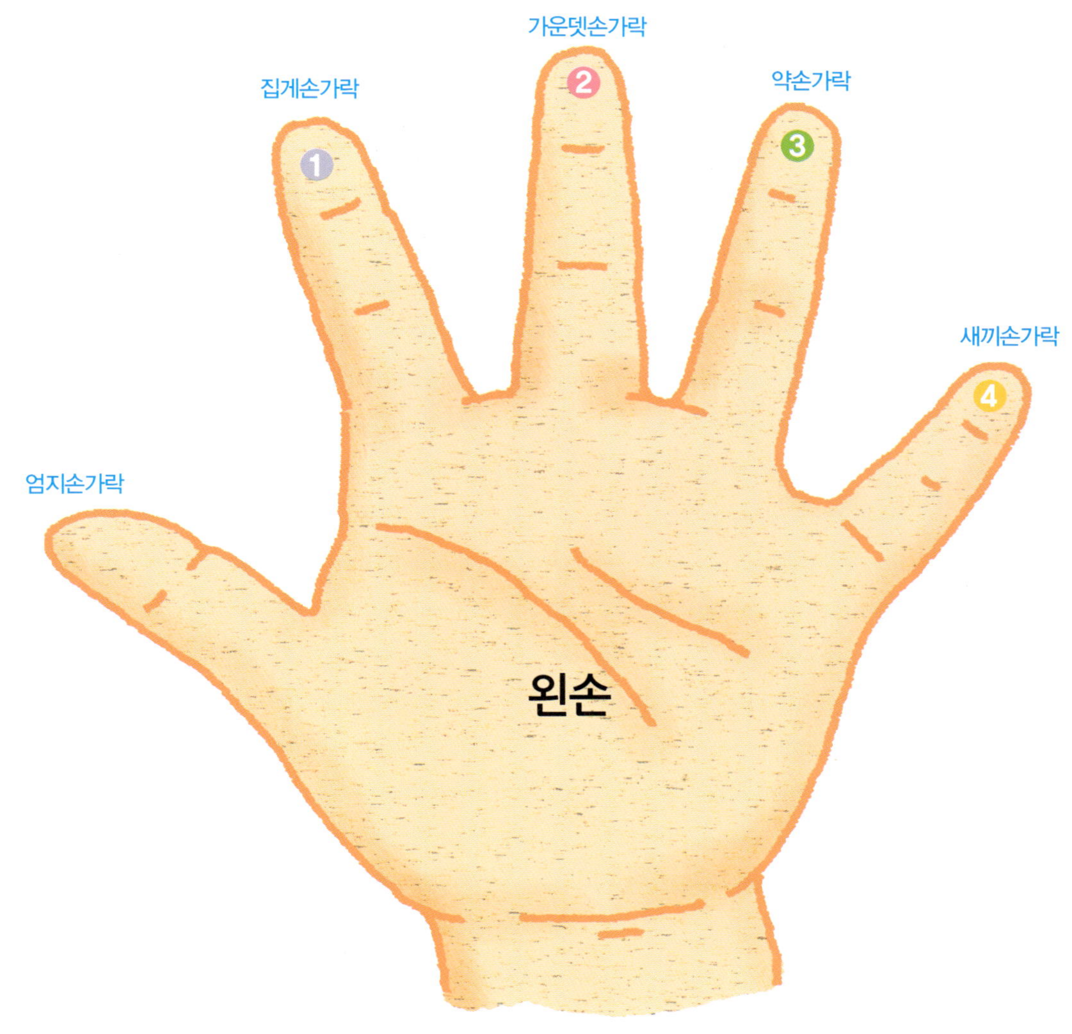

♪ 손톱을 짧게 자르고 직각으로 세워서 왼손으로 코드를 눌러요.

• 잘못된 방법

• 올바른 방법

우쿨렐레 기본자세

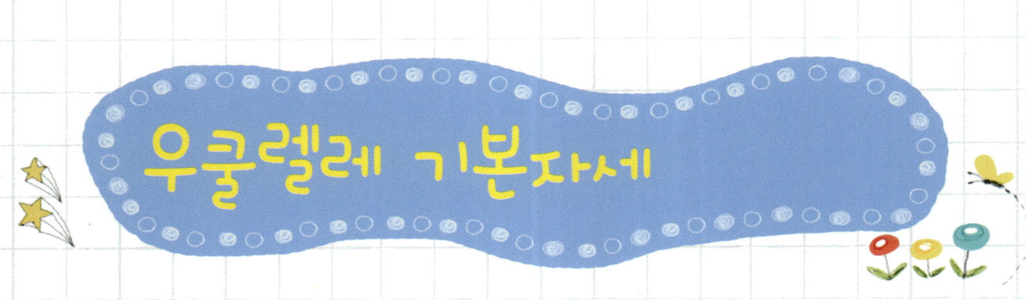

왼손으로 지판을 잡고 오른손으로 줄을 뚱겨서 연주해요.
우쿨렐레를 가슴에 안고 헤드(머리)가 약간 올라가게 해주세요

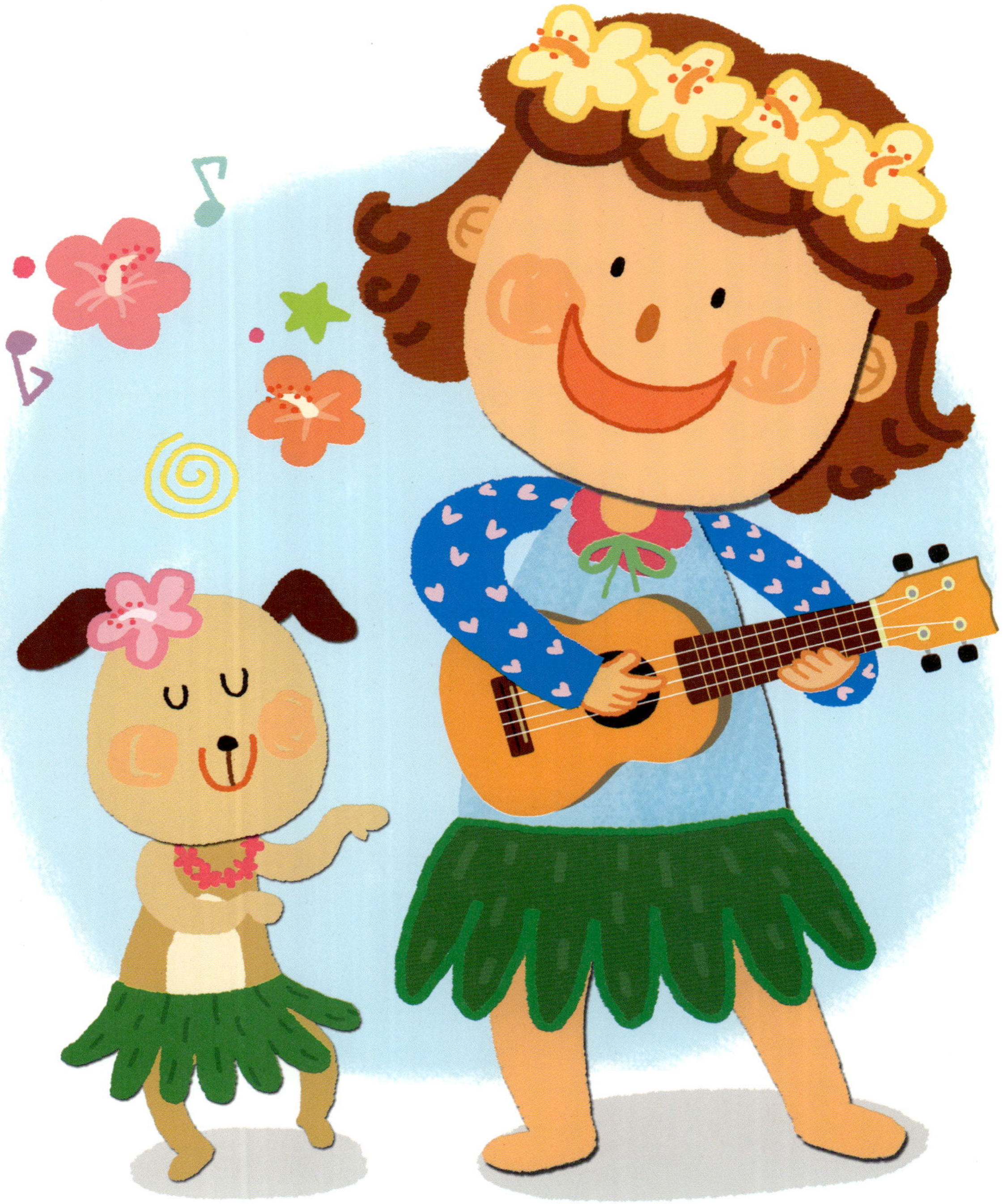

♪ 우쿨렐레의 지판과 줄

우쿨렐레 지판에는 여러개의 프렛이 박혀 있습니다. 프렛은 피아노의 흰 건반과 검은 건반처럼 음정을 구분하기 위해 지판을 반음 간격으로 나누는 쇠막대기 입니다.

♪ 오른손 엄지손가락 자세

- <u>스트로크 전의 모습</u>
  엄지손가락을 쭉 펴서 밀듯이 내려칩니다.

- <u>스트로크 후의 모습</u>
  엄지손가락을 이 위치까지 내려칩니다.

♪ 왼손 엄지손가락 자세

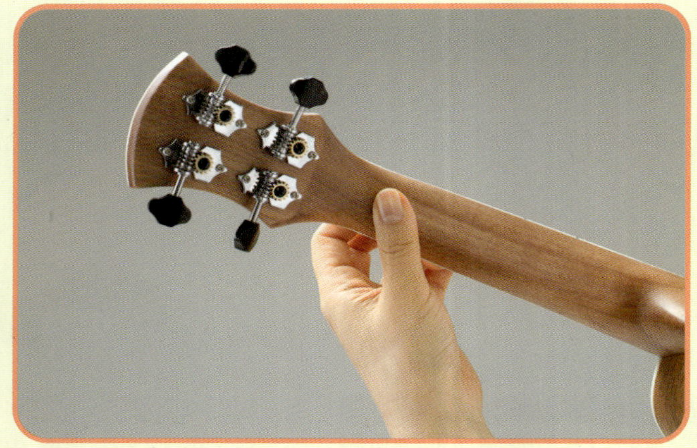

지판의 뒷 부분을 받쳐주는 역할을 합니다.

나머지 손가락으로 감싸듯이 잡습니다.

우쿨렐레 연주하기

F (에프) 코드 익히기

왼손 ❶번 손가락으로 2번 줄 1프렛을 누르고 세 줄만 내려칩니다.

4번 줄에서 1번 줄 방향으로 내려치는 것을 다운 스트로크 (Down Stroke)라고 하며, ⊓ 또는 ↓ 로 표시합니다. 우선 은 오른손 엄지손가락으로 세 줄을 아래쪽으로 밀듯이 내려 치 도록 합니다.

곰 세마리

이번에는 F(에프) 코드를 잡고서 곰 세마리를 부르며 엄지손가락으로 다운 스트로크 해봅시다. ⊓ 표기가 되어 있는 곳만 치도록합니다.

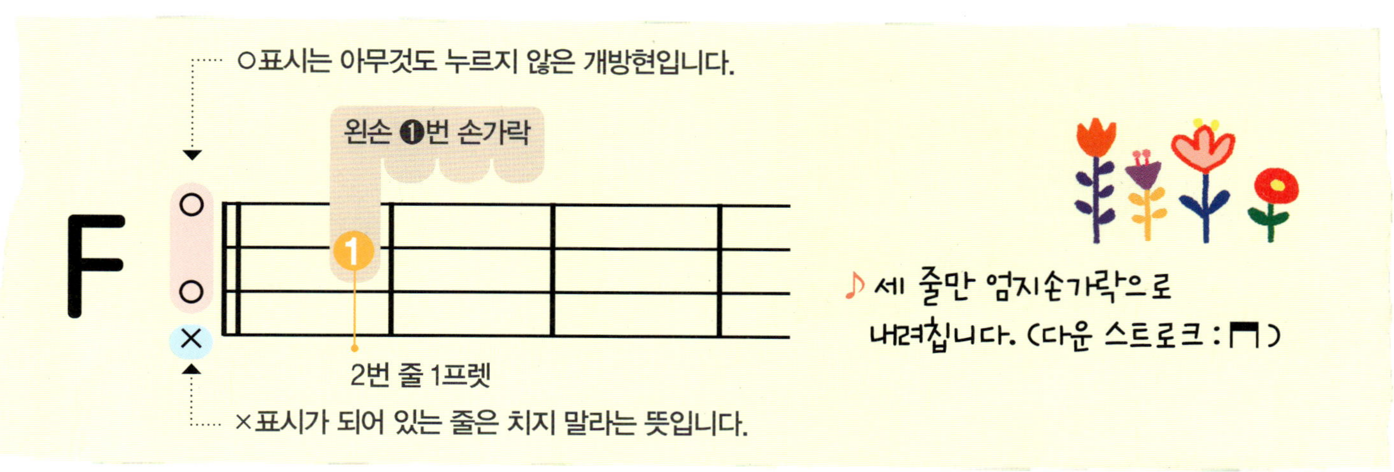

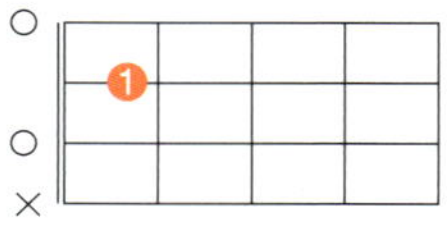

작자 미상

F

F

F

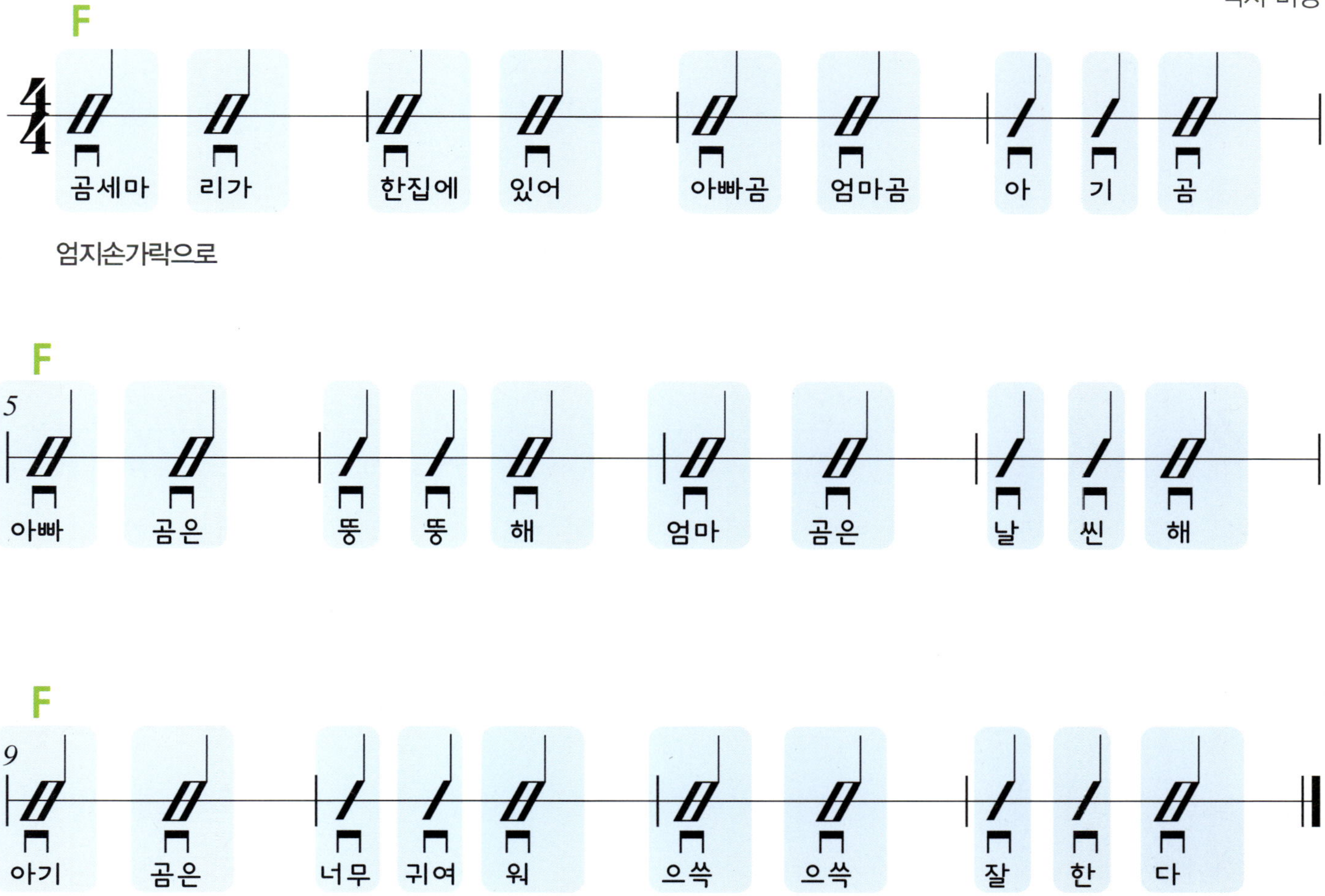

C7 (씨 세븐) 코드 익히기 : C(씨) + 7(세븐) = 씨 세븐

왼손 ❶번 손가락으로 1번 줄 1프렛을 누르고 세 줄만 내려칩니다.

F(에프)와 C7 (씨 세븐) 코드 바꿔잡기

뚱보 아저씨

이요섭 작사 · 작곡

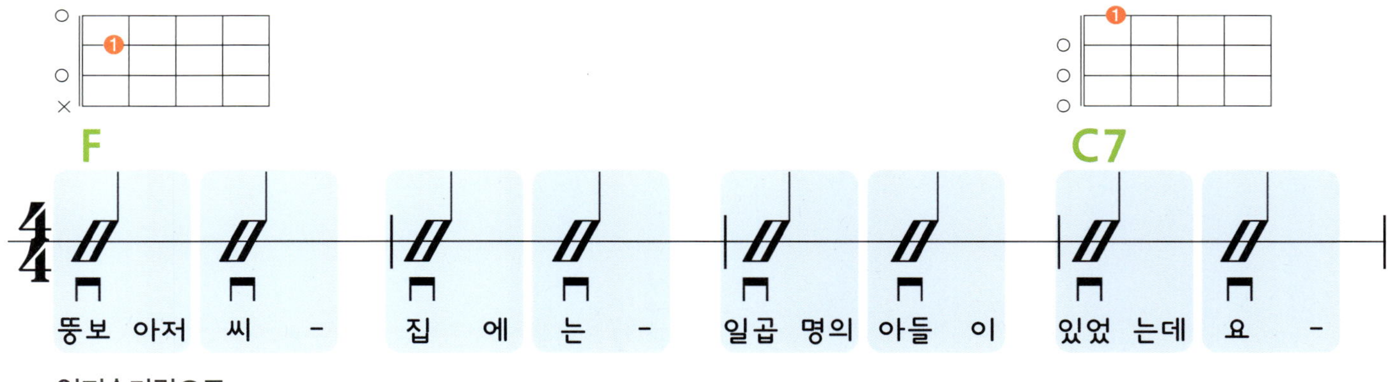

올라간 눈

Tip

한마디에 코드반주를 두번 치면 **2비트** 네번 치면 **4비트**라고 합니다. 두 가지 모두 연습해 보세요.

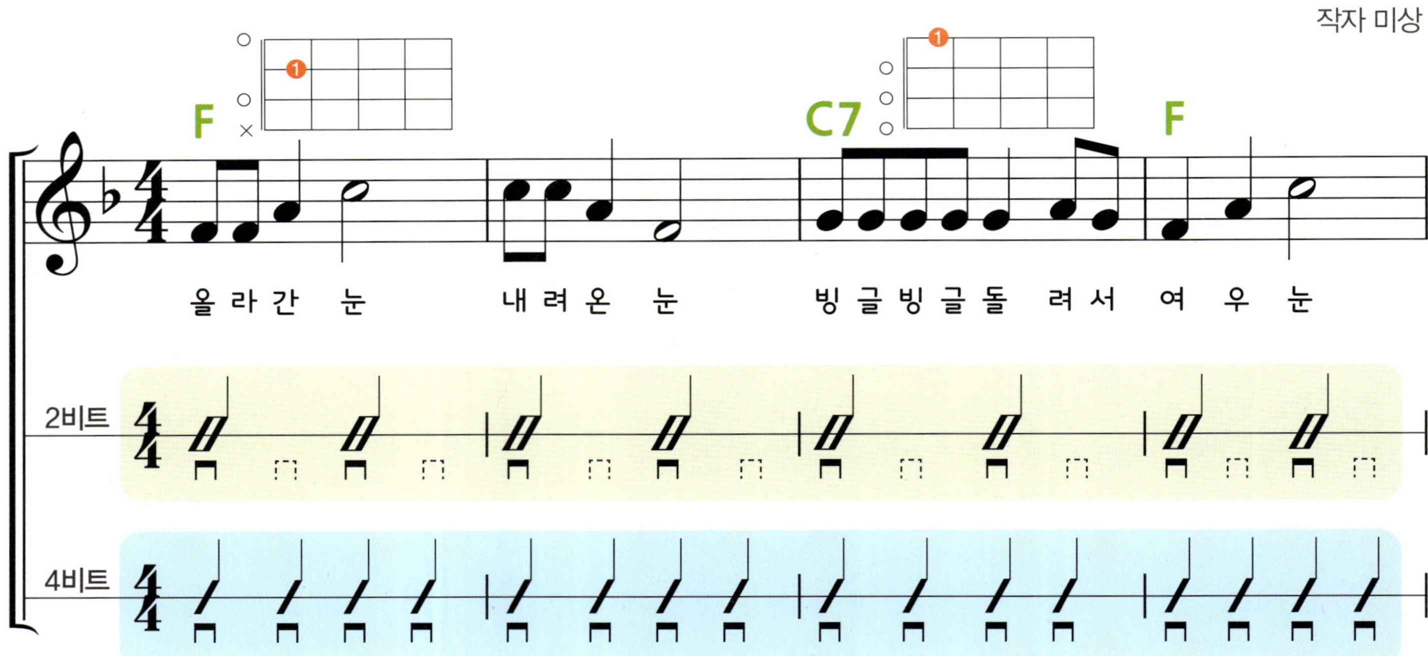

가을 바람

김규환 작사 · 작곡

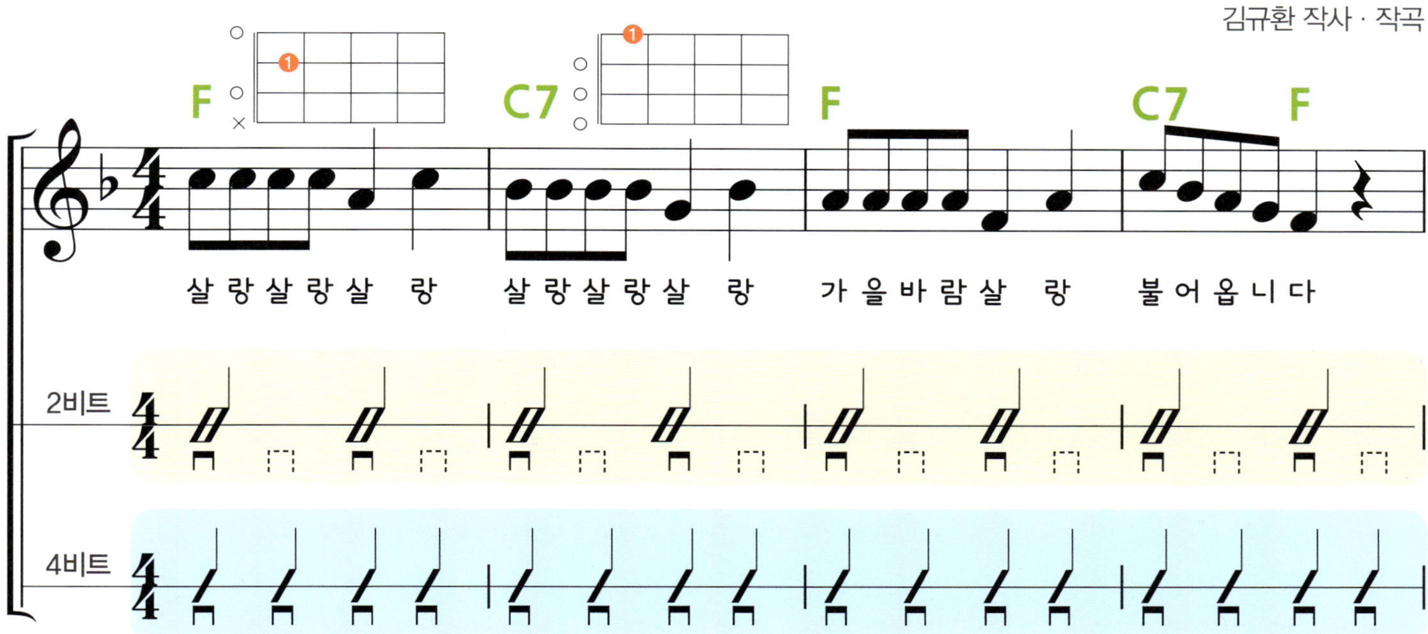

F C7 F C7 F
살 랑 살 랑 살 랑   살 랑 살 랑 살 랑   가 을 바 람 살 랑   불 어 옵 니 다
2비트
4비트

C7 F C7 F
뱅 글 뱅 글 뱅 글   단 풍 잎   뱅 글 뱅 글 뱅 글   은 행 잎

F C7 F C7 F
살 랑 살 랑 살 랑   살 랑 살 랑 살 랑   가 을 바 람 살 랑   불 어 옵 니 다

이제부터 네 줄 모두 연주해요

Am (에이 마이너) 코드 익히기 : A(에이) + m(마이너) = 에이 마이너

왼손 ❷번 손가락으로 4번 줄 2프렛을 누르고 네 줄 모두 다운 스트로크(⊓ : 내려치기) 합니다.

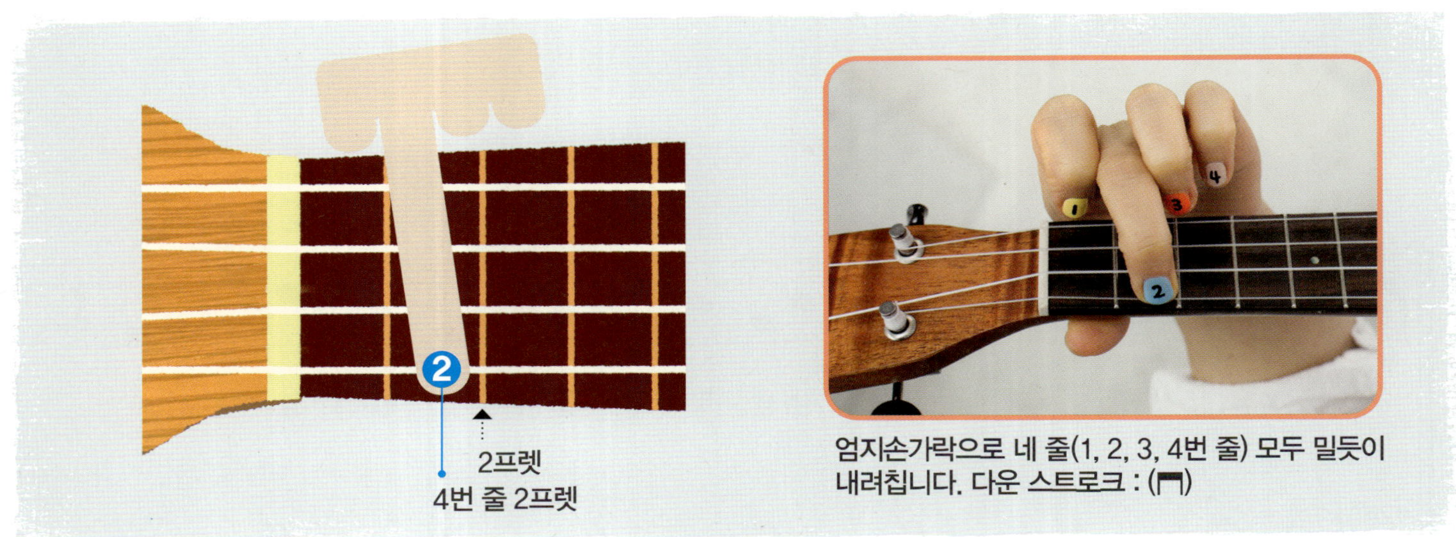

엄지손가락으로 네 줄(1, 2, 3, 4번 줄) 모두 밀듯이 내려칩니다. 다운 스트로크 : (⊓)

2비트 박자연습

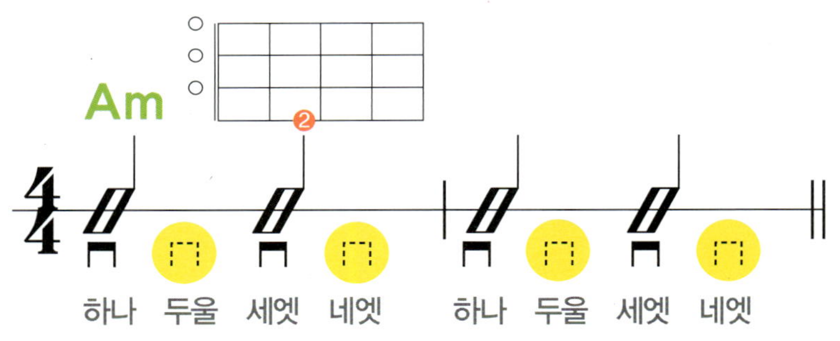

점선 ⊓ 는 실제로 치지는 않지만 한 박이 숨어 있어요.

4비트 박자연습

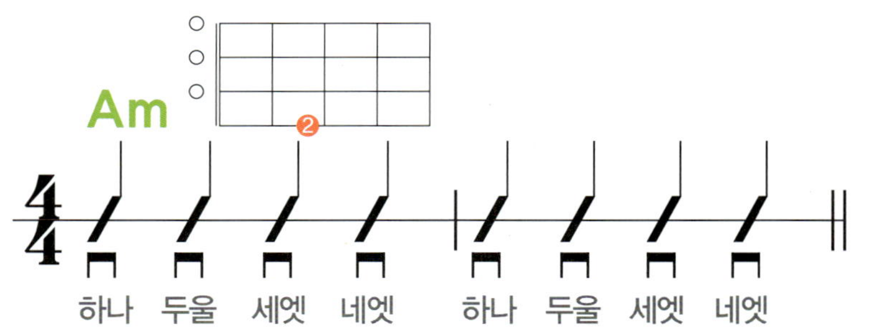

Tip

박자를 셀 때에는 하나, 둘, 셋, 넷으로 세기보다는 **하나, 두울, 세엣, 네엣**과 같이 세어야 8비트 리듬을 쉽게 이해할 수 있어요.

네 줄 모두 연주하는 F (에프) 코드 익히기

처음에는 쉽게 연주하기 위해서 1, 2, 3번 줄 세줄만으로 스트로크 하는 방법을 배웠습니다. 이제 부터는 네 줄 모두 사용하여 스트로크 해 봅시다. Am 코드를 잡은 상태에서 ❶번 손가락으로 2번 줄 1프렛을 누르면 F코드가 됩니다.

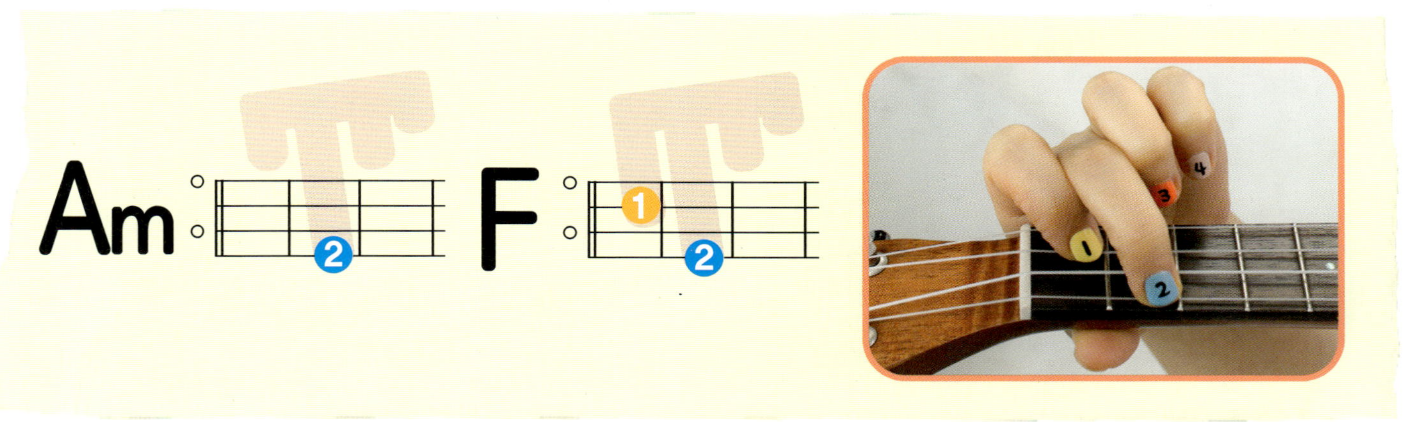

코드 연습 ❶

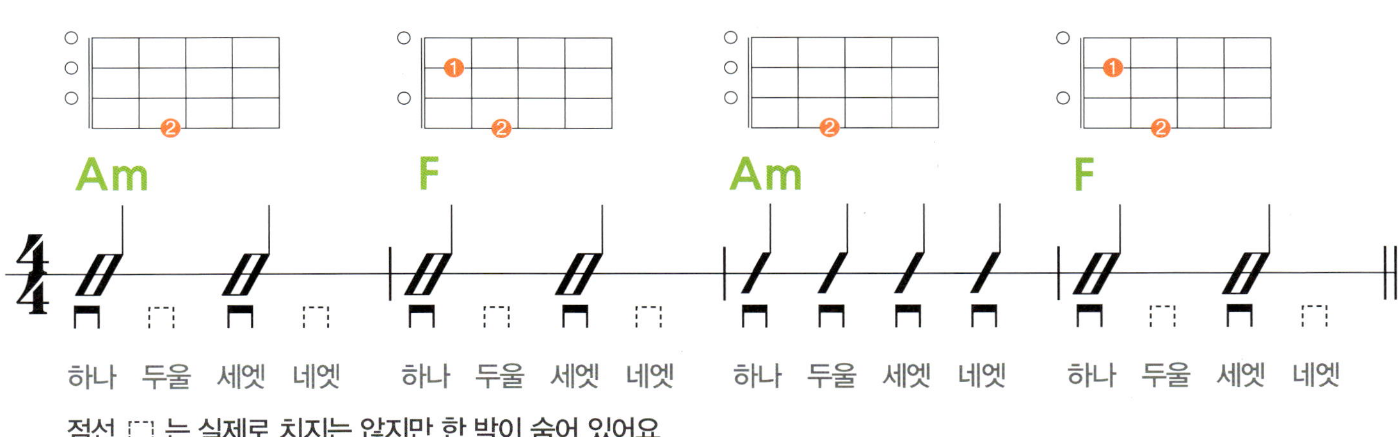

점선 는 실제로 치지는 않지만 한 박이 숨어 있어요.

코드 연습 ❷

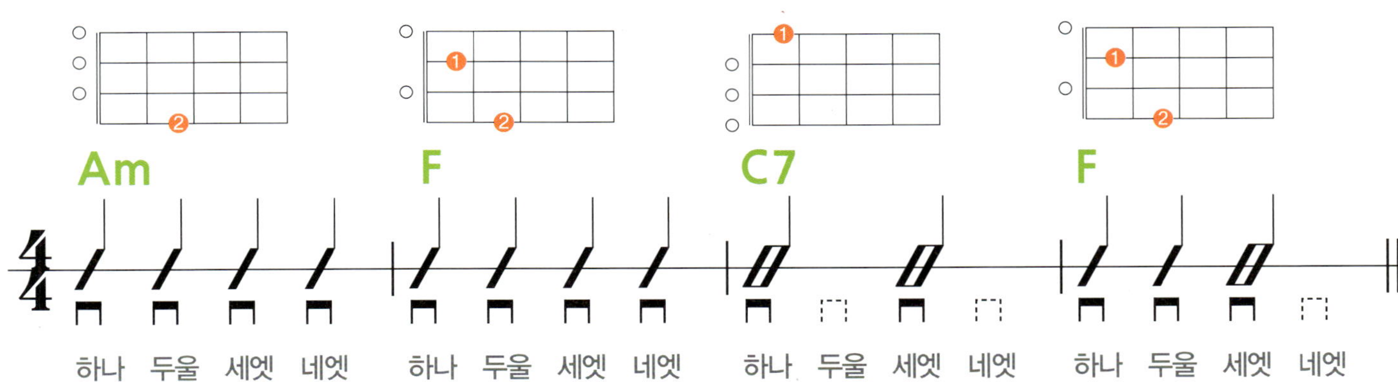

아 유 슬리핑

Are You Sleeping?

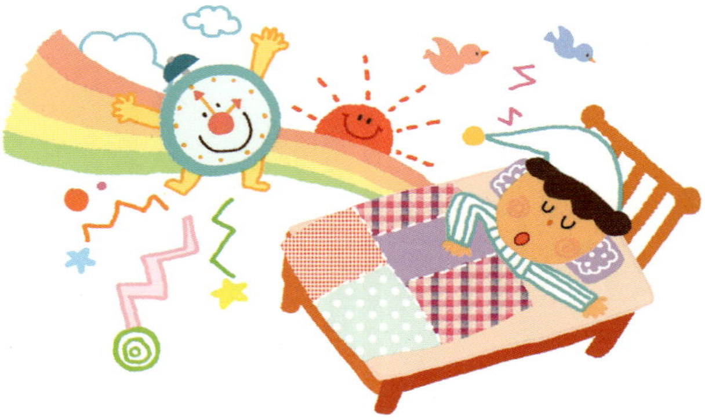

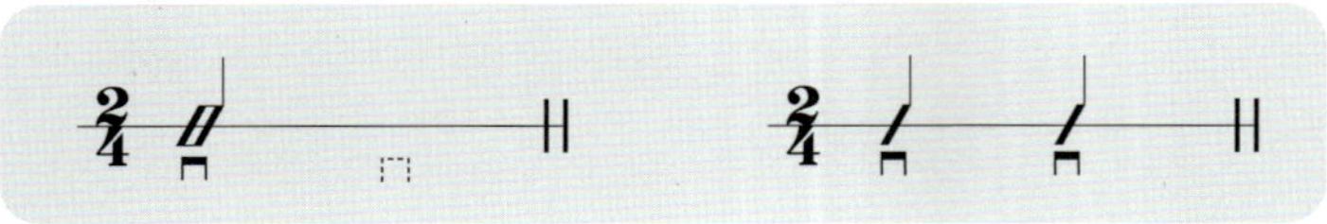

고디 샘슨 작사 · 작곡

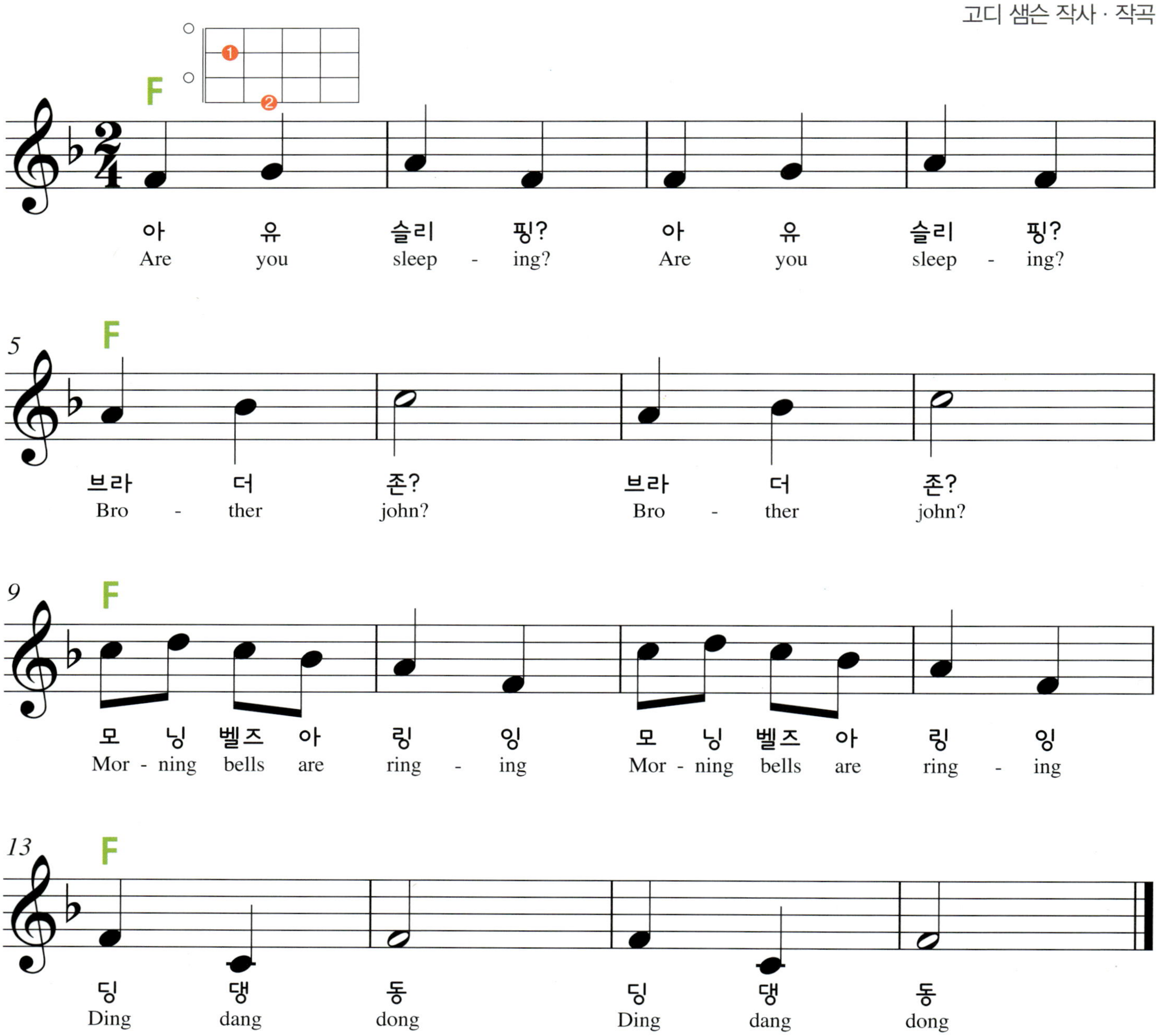

아 유 슬리 핑? 아 유 슬리 핑?
Are you sleep - ing? Are you sleep - ing?

브라 더 존? 브라 더 존?
Bro - ther john? Bro - ther john?

모 닝 벨즈 아 링 잉 모 닝 벨즈 아 링 잉
Mor - ning bells are ring - ing Mor - ning bells are ring - ing

딩 댕 동 딩 댕 동
Ding dang dong Ding dang dong

비비디 바비디 부

Tip
F 코드를 잡을 때 손가락을 세워서 눌러야
예쁜 소리가 납니다.

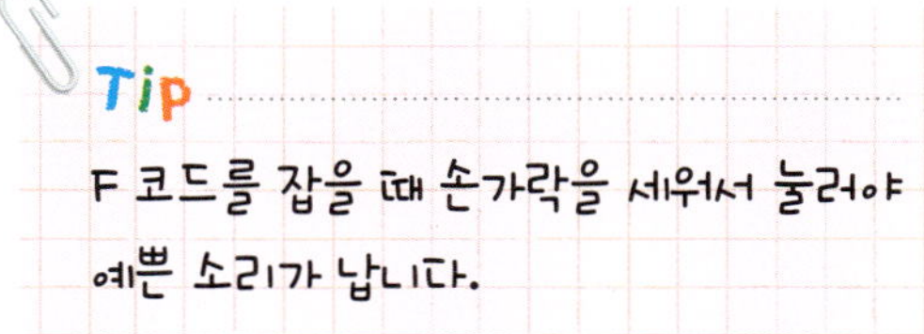

제리 리빙스턴 작사
알 호프만 작곡

F
살 라 카 둘 라   메 치 카 불 라   비 비 디 바 비 디   부

C7   F
생 각 만 하 - 면   생 각 대 로   비 비 디 바 비 디   부

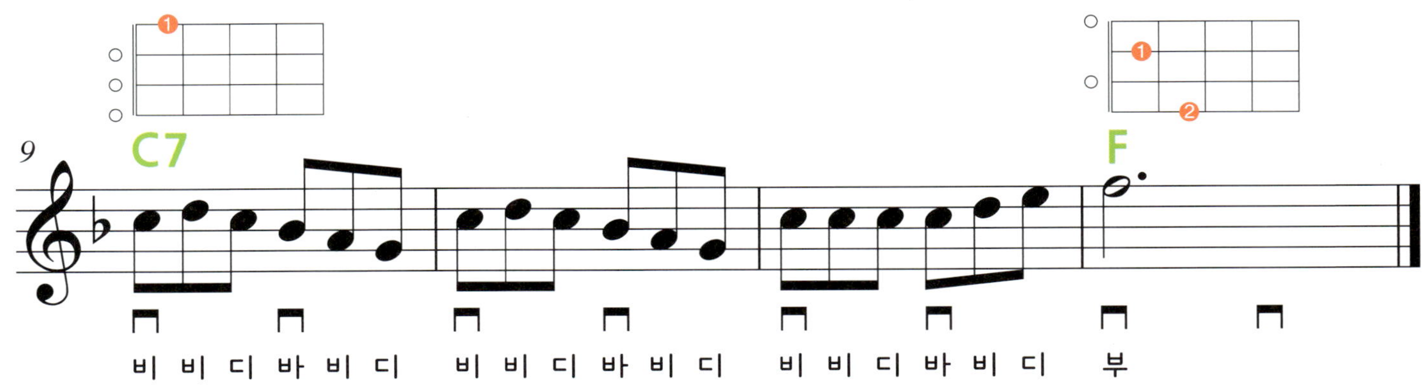

C7   F
비 비 디 바 비 디   비 비 디 바 비 디   비 비 디 바 비 디   부

당신은 누구십니까?

외국 곡

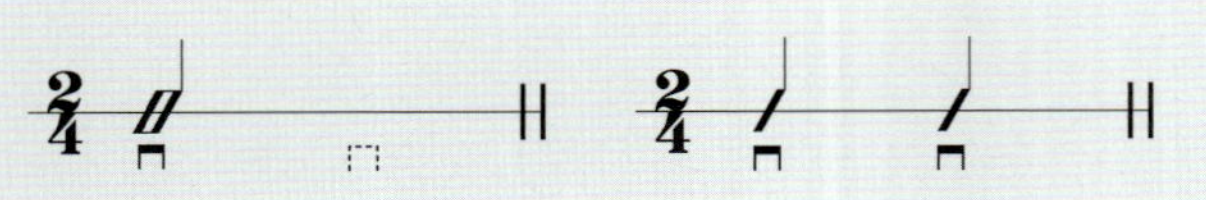

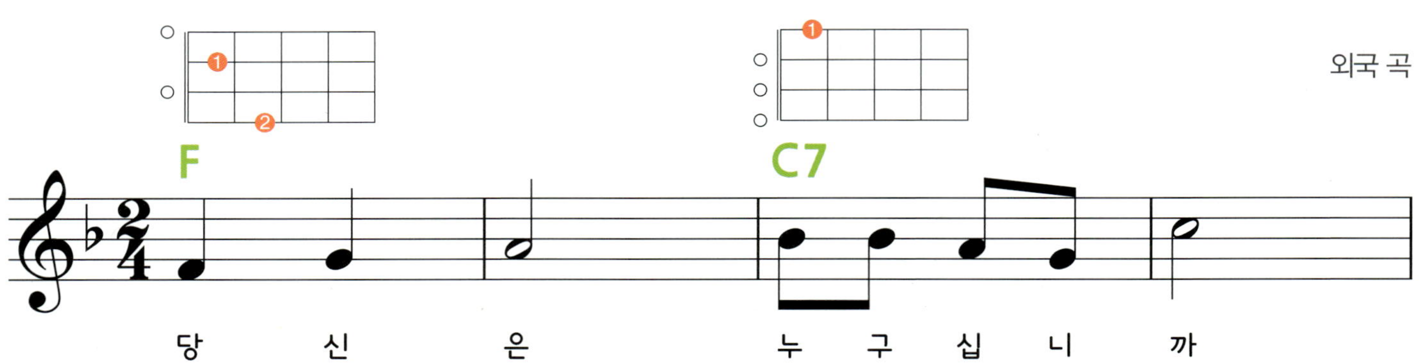

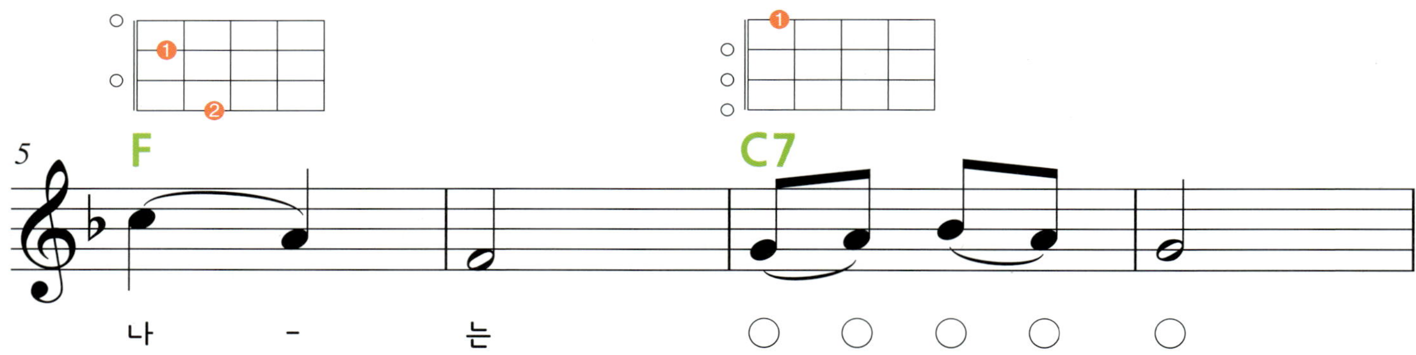

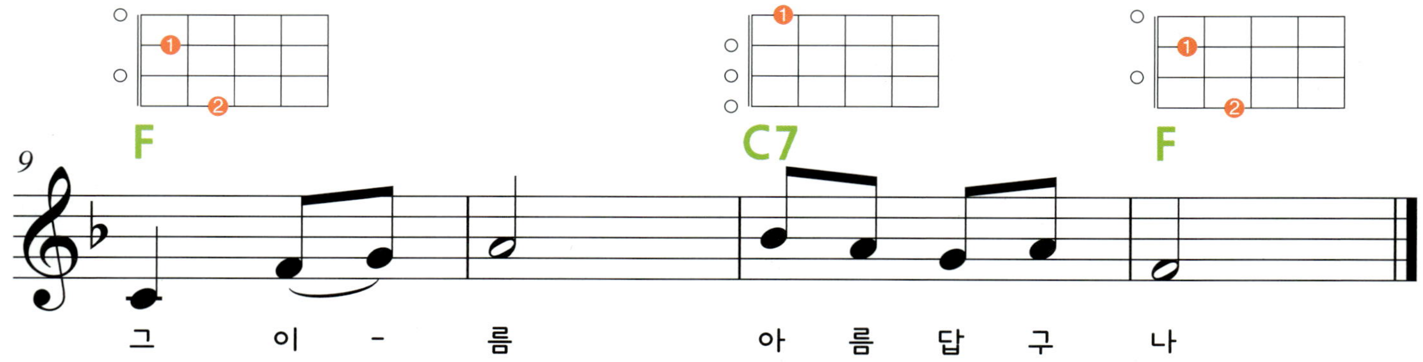

준비됐나요?

외국 곡

F
준 비 됐 나 요   준 비 됐 나 요   준 비 됐 나 요   준 비 됐 어 요

모두 제 자리

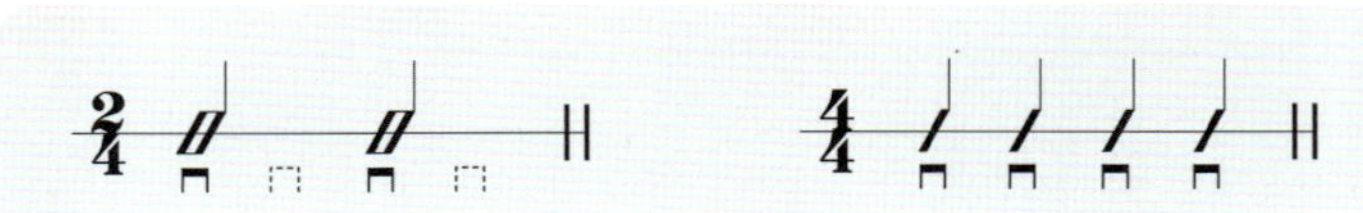

강성균 작사 · 작곡

F   C7   F   C7
모 두 제 자 리   모 두 제 자 리   모 두 모 두 제 자   리

F   C7   F   C7   F
모 두 제 자 리   모 두 제 자 리   모 두 모 두 제 자   리

멜로디 연주하기 1

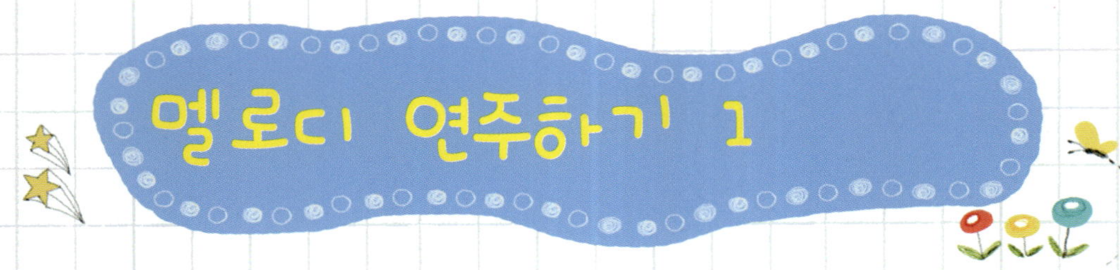

TAB(타브) 악보 이해하기

타브악보란 줄 위에 누르는 위치를 숫자로 표기하고 여기에 음표의 길이를 나타낸 악보를 말합니다. 오선악보를 읽지 못해도 쉽게 연주할 수 있는 장점이 있으며 악보 왼쪽에 TAB라고 씁니다.

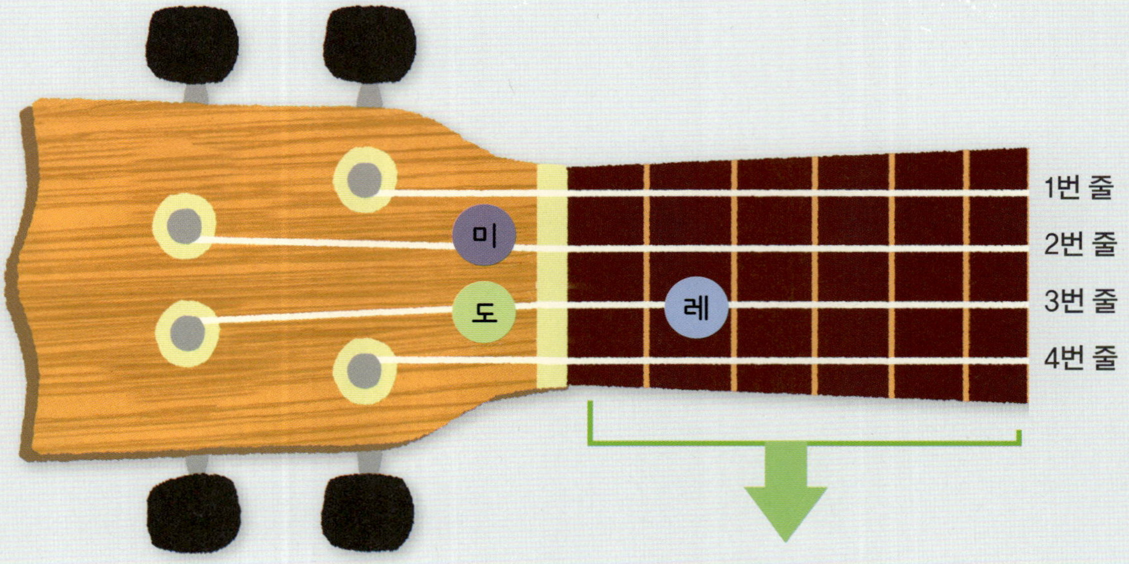

타브 악보

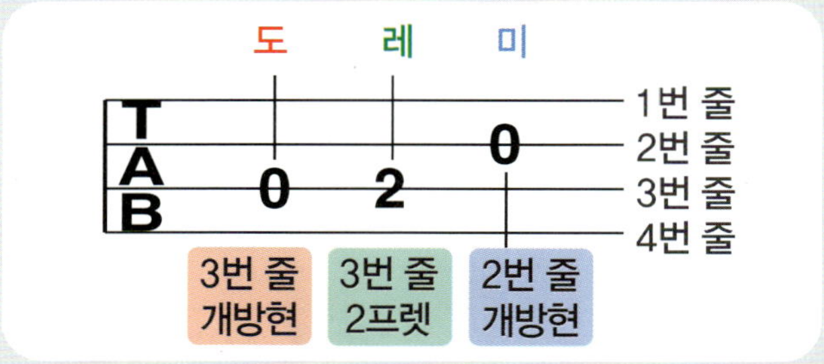

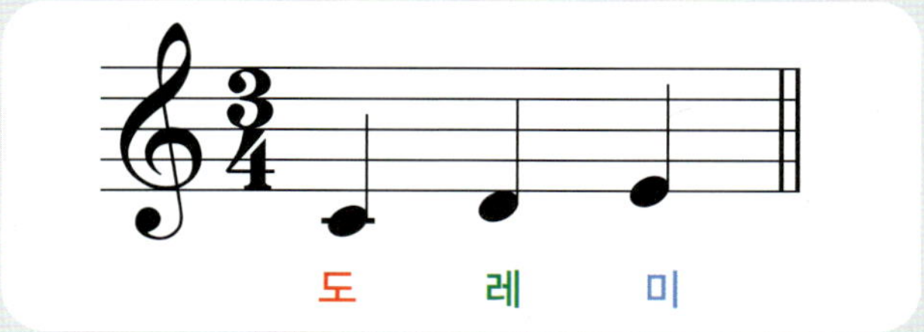

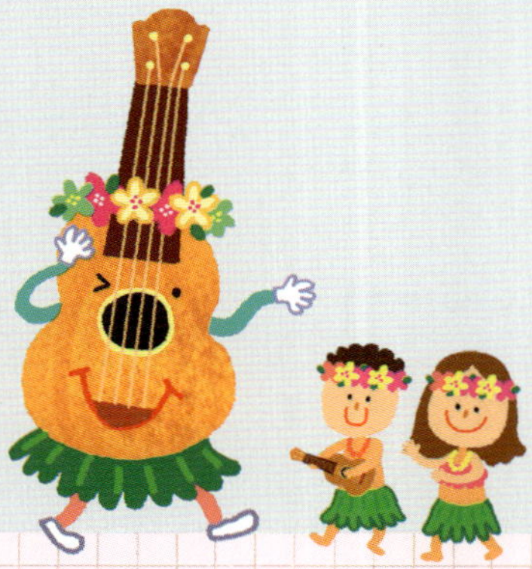

Tip

개방현은 숫자 0으로 표시하며 왼손으로 줄을 누르지 않은 상태를 뜻합니다. **타브악보**에는 세로의 구분선이 없답니다.

아포얀도란?

'기댄다'는 뜻으로 줄을 뚱긴 손가락이 다음 줄(아래 줄)에서 머무르는 주법으로 멜로디를 선명하게 나타내줍니다.

개방현 멜로디(가락) 익히기

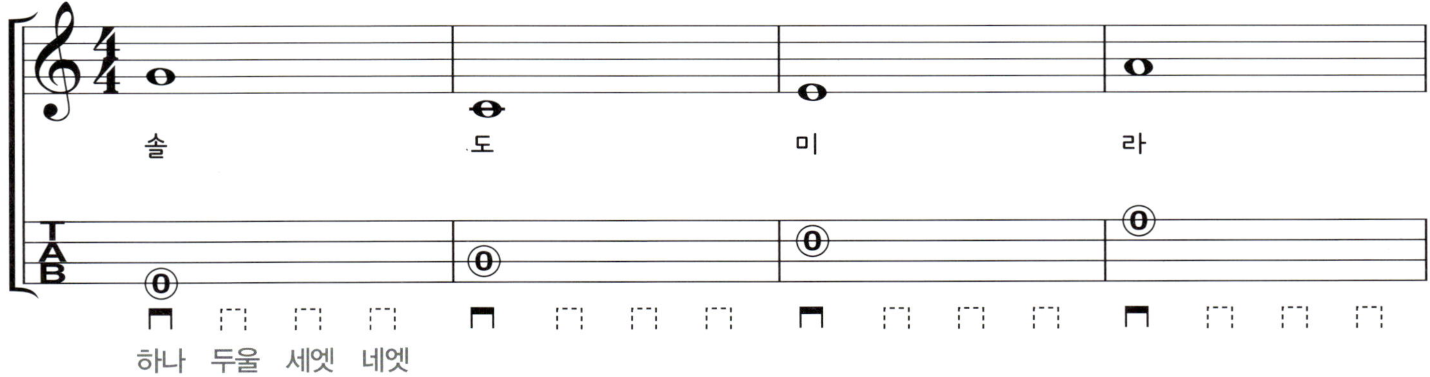

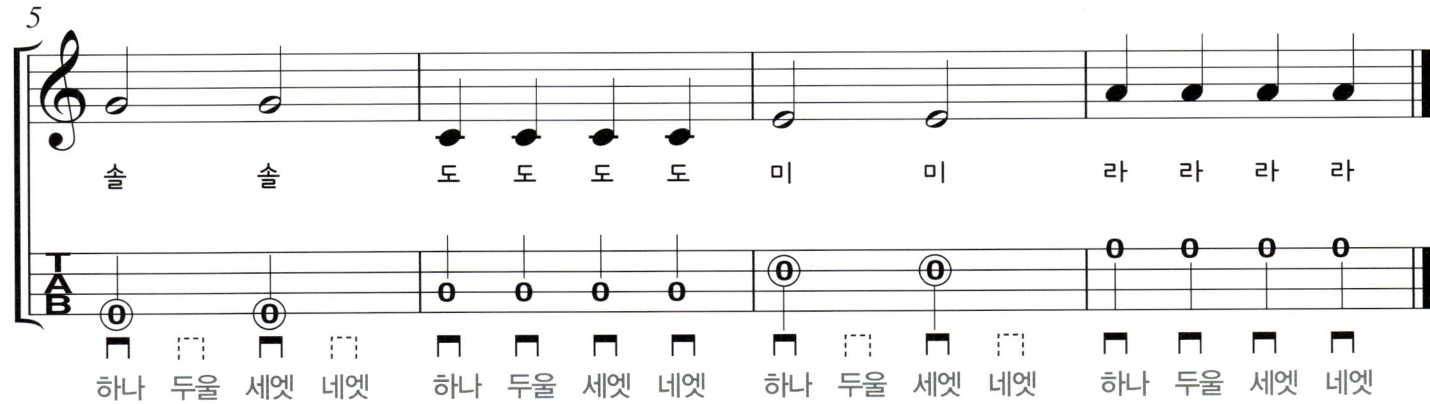

TAB(타브) 악보 박자 익히기

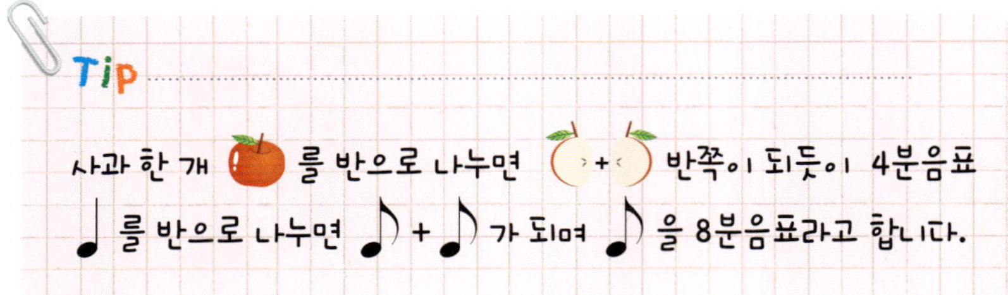

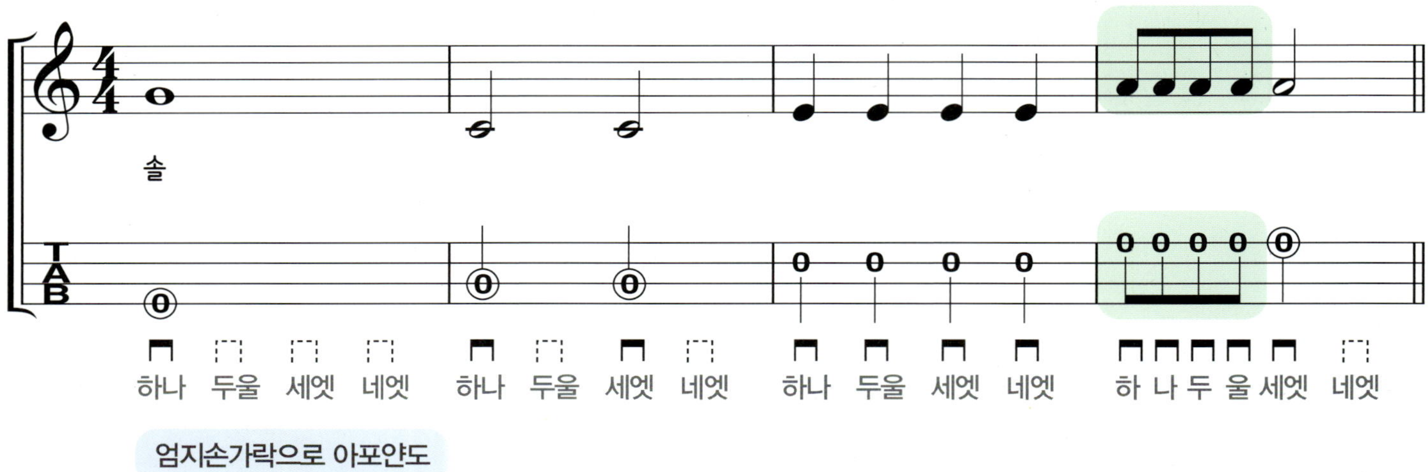

곰 세마리

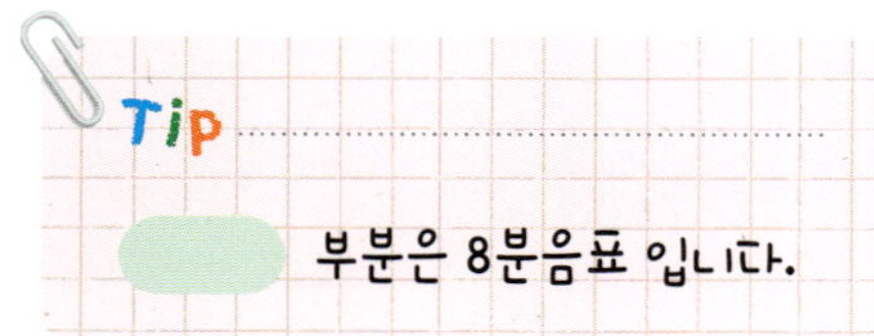

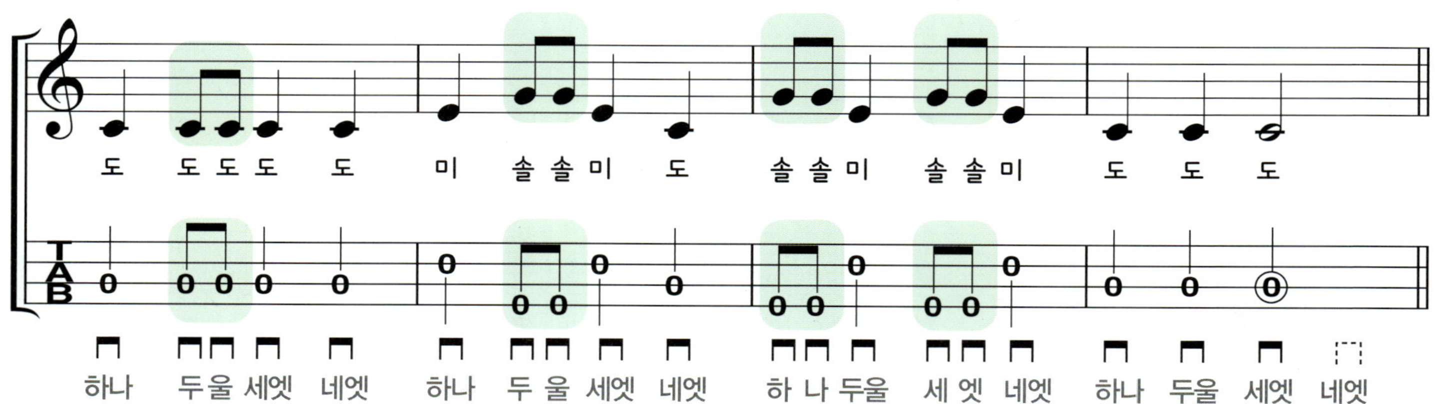

똑같아요

윤석중 작사
외국 곡

Tip

선생님께서 코드 반주를 해 주세요. 학생들이 코드의 느낌을 이해할 수 있도록 색깔로 표현했습니다. 계이름을 읽으며 멜로디 연주를 합니다.

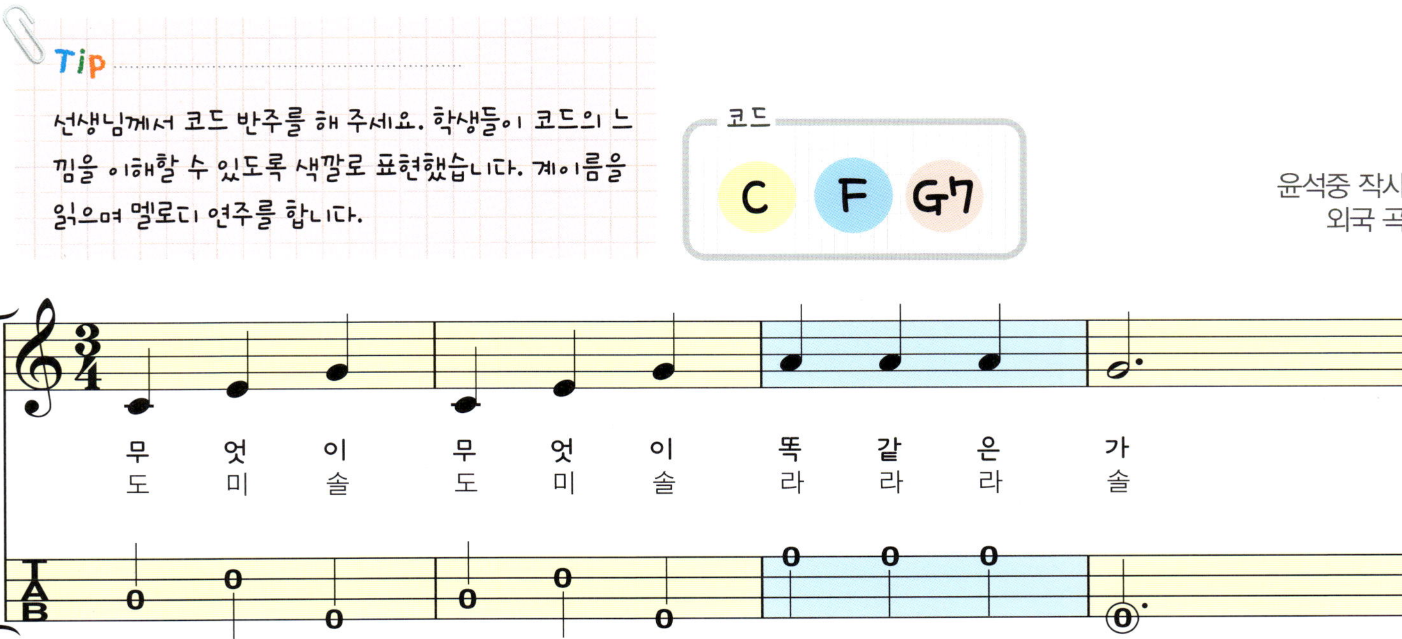

엄지손가락으로 아포얀도

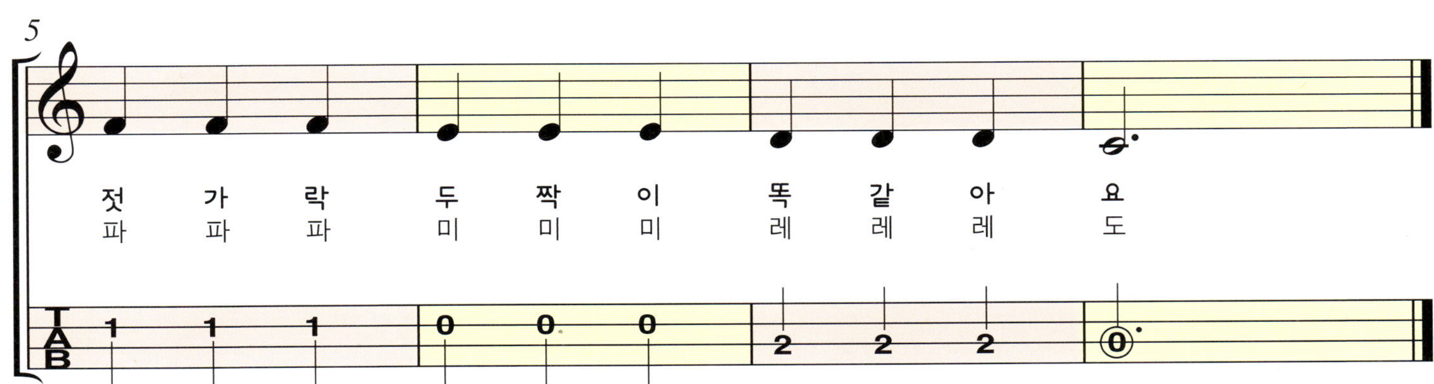

● 다음 타브에 맞는 우쿨렐레의 위치를 줄로 연결하세요.

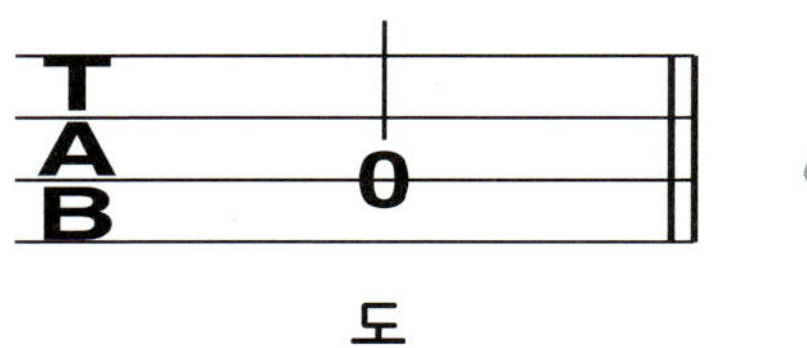
도

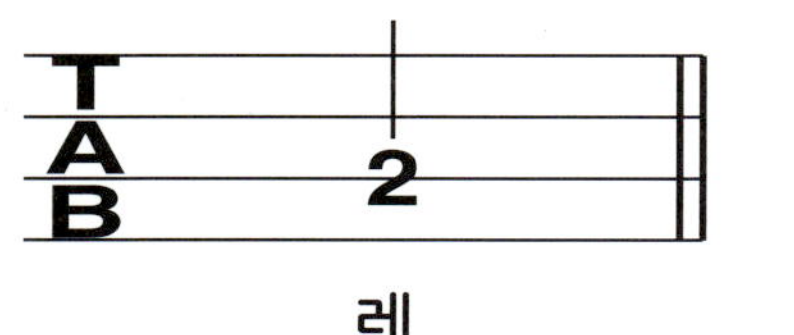
레

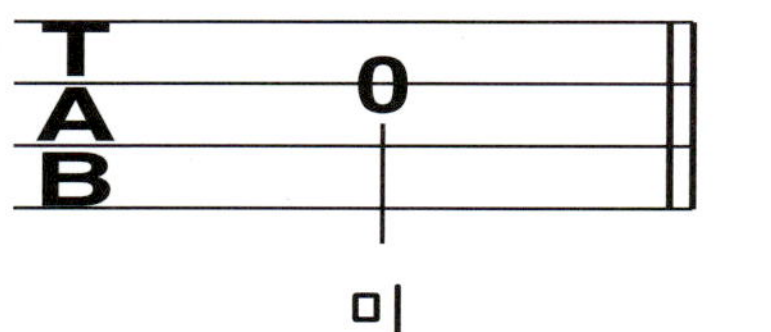
미

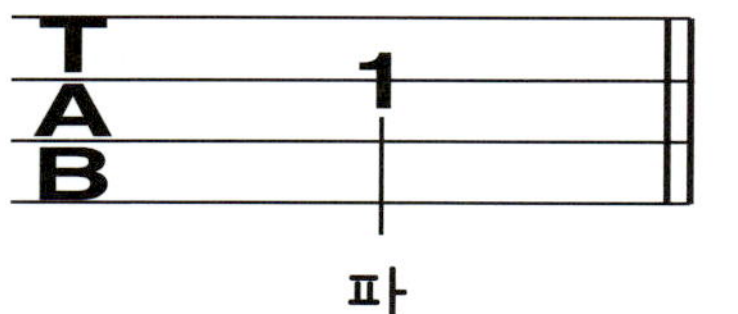
파

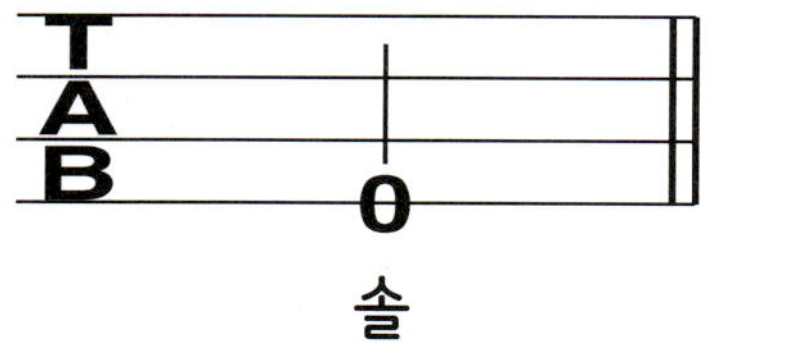
솔

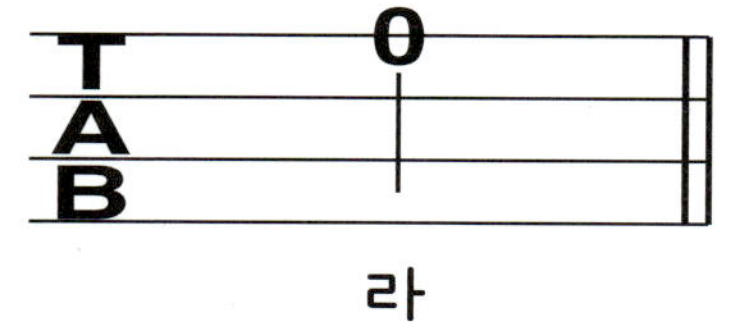
라

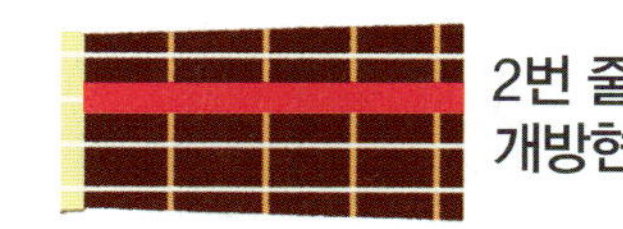
2번 줄
개방현

2번 줄
1프렛

3번 줄
2프렛

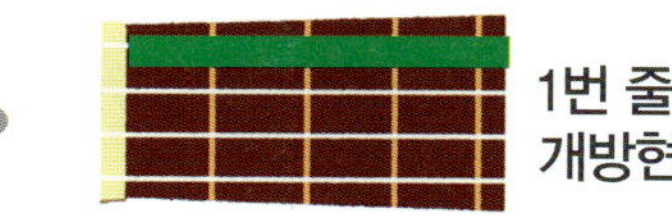
1번 줄
개방현

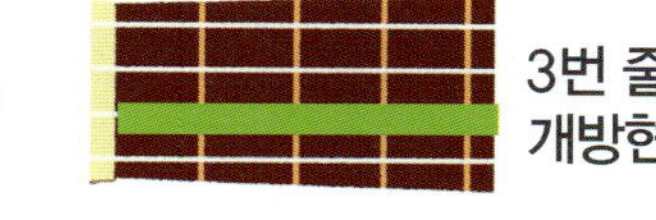
3번 줄
개방현

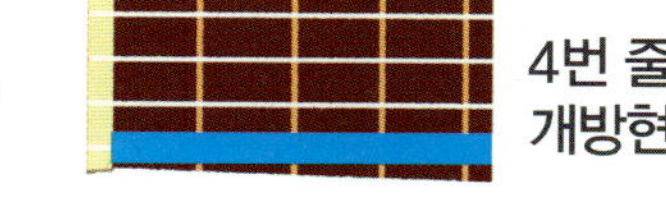
4번 줄
개방현

C (씨) 코드 익히기

왼손 ❸번 손가락으로 1번 줄 3프렛을 누르고 네 줄 모두 내려칩니다.

F (에프) 코드를 한번에 잡기 어렵나요?

한 번에 잡아야 예쁜 소리를 낼 수 있답니다. 한 번에 잡을 수 있을 때까지 이렇게 해보세요. 두 가지 방법을 소개합니다.

코드 연습 ❶ (1, 2, 3번 손가락 순서로 치는 방법)

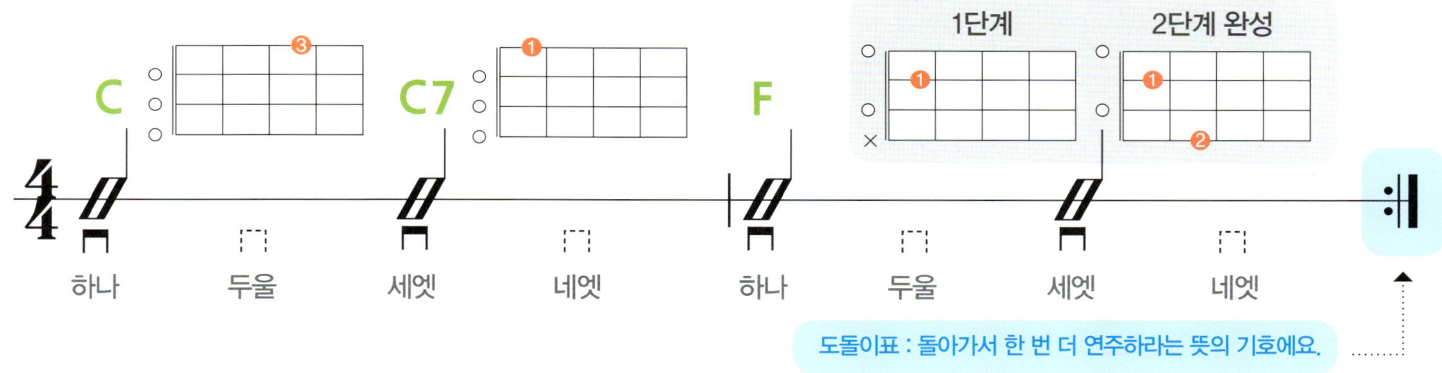

코드 연습 ❷ (4번 줄 윗 줄부터 짚는 방법)

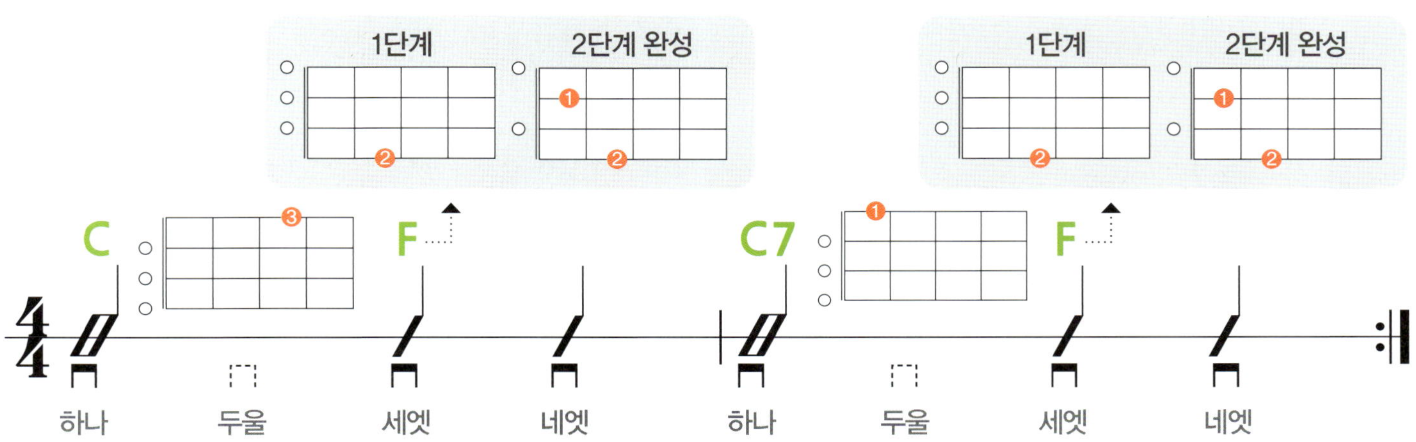

서울구경

작자 미상
한 번에 잡기 어려우면 이렇게 잡아보세요.
F
C
시 골 영 감 처 음 타 는 기 차 놀 이 라
C
C7
F
차 표 파 는 아 가 씨 와 실 랑 이 하 네
F
C
이 세 상 에 에 누 리 없 는 장 사 가 어 딨 어
C
C7
F
깎 아 달 라 졸 라 대 니 이 게 웬 말 씀

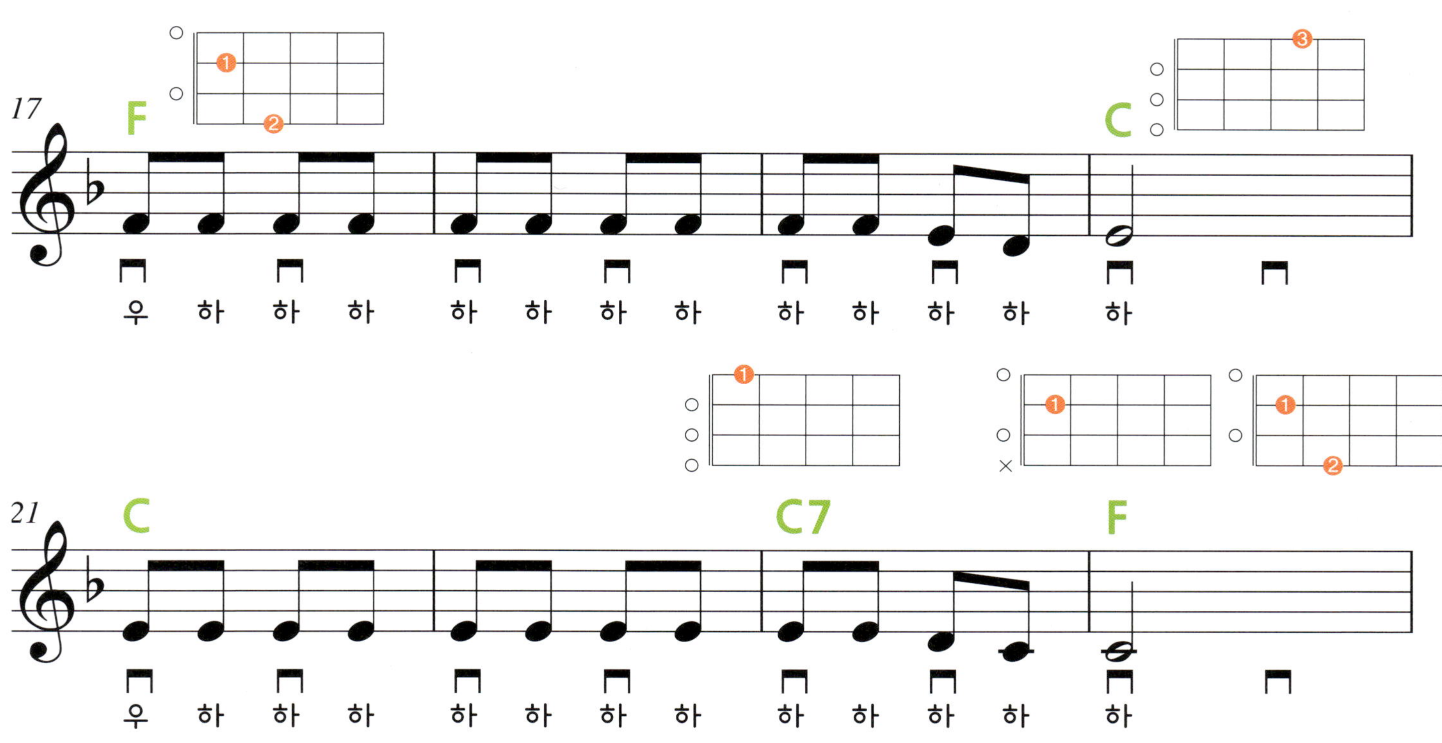

F
C
우 하 하 하 하 하 하 하 하 하 하 하 하
C
C7
F
우 하 하 하 하 하 하 하 하 하 하 하 하

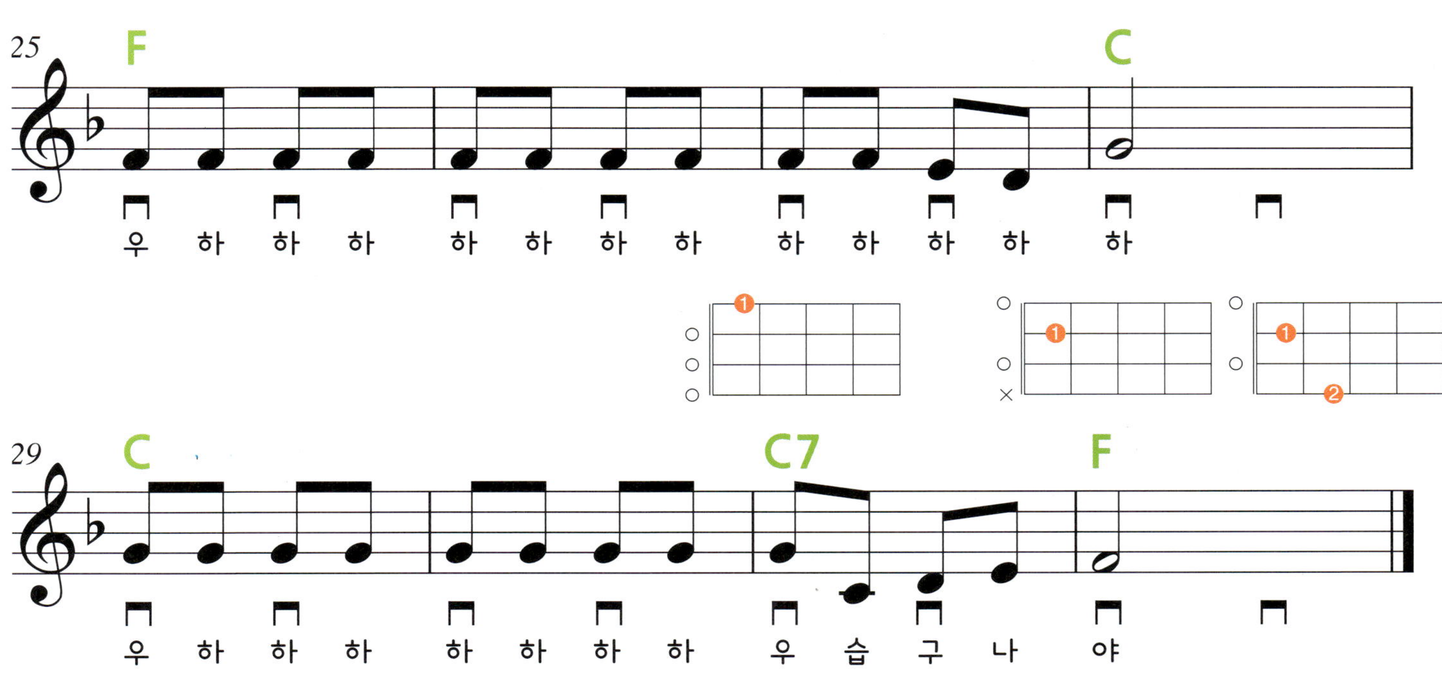

F
C
우 하 하 하 하 하 하 하 하 하 하 하 하
C
C7
F
우 하 하 하 하 하 하 하 우 습 구 나 야

올챙이와 개구리

윤현진 작사 · 작곡

도, 레, 미, 파, 솔 익히기

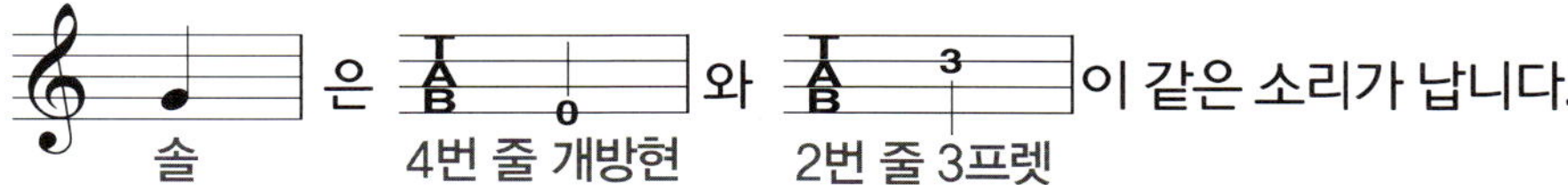

은 와 이 같은 소리가 납니다.

이번엔 2번 줄 3프렛을 ❸번 손가락으로 짚어서 솔을 연주해 봅시다.

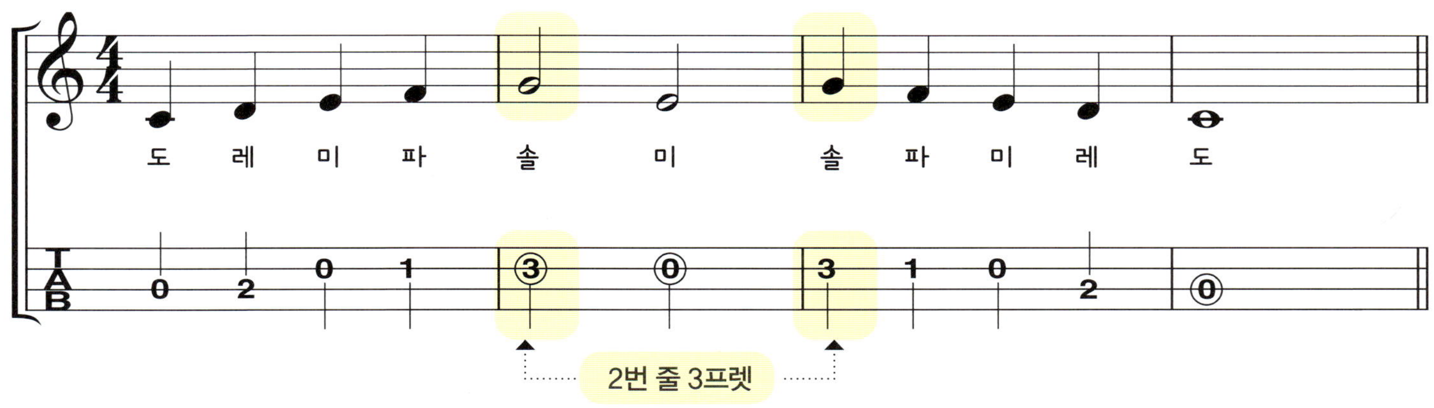

징글벨즈

코드

제임스 피어폰트 작곡

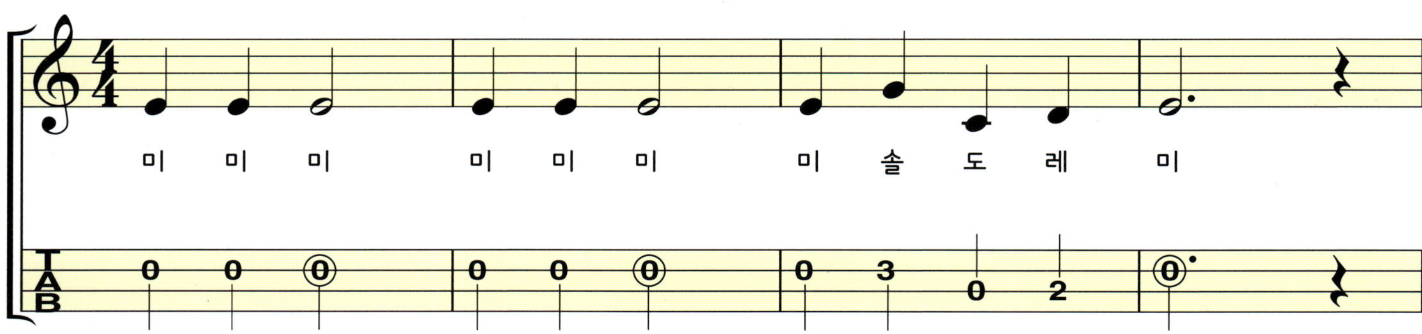

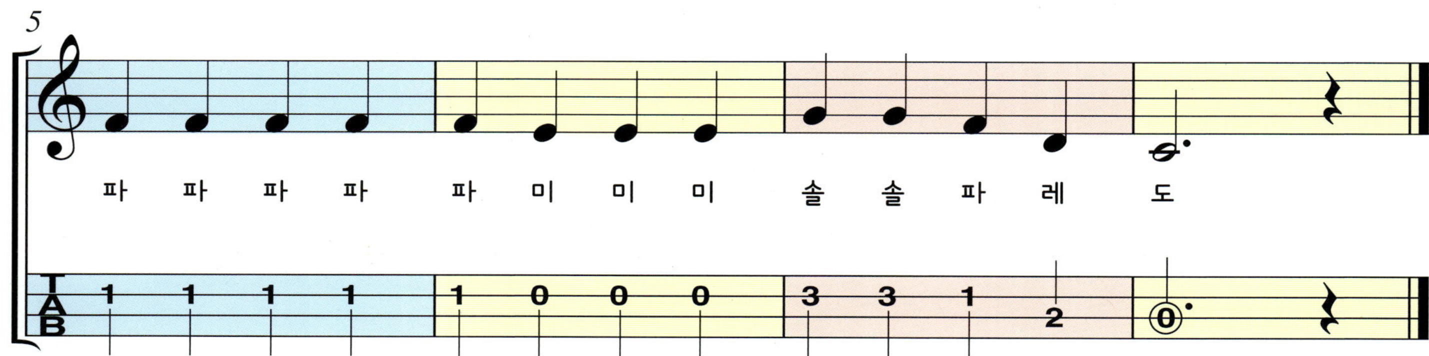

환희의 송가

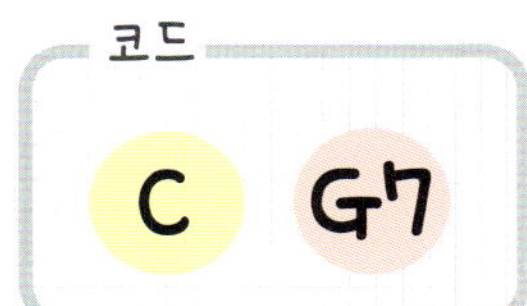

베토벤 작곡

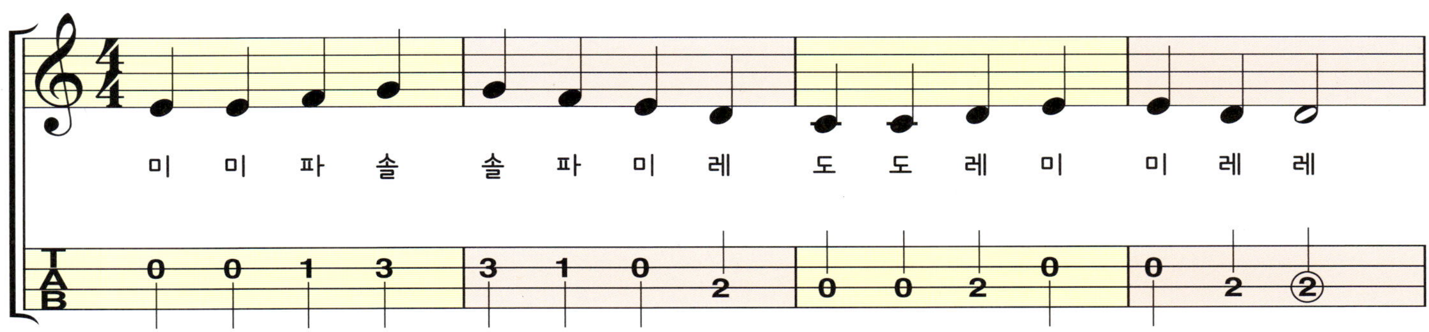

G7(쥐 세븐) 코드 익히기 : G(쥐) + 7(세븐) = 쥐 세븐

손가락을 악기의 헤드(머리)쪽으로 기울여 주세요.

F 코드에서 G7 코드로 이동하기

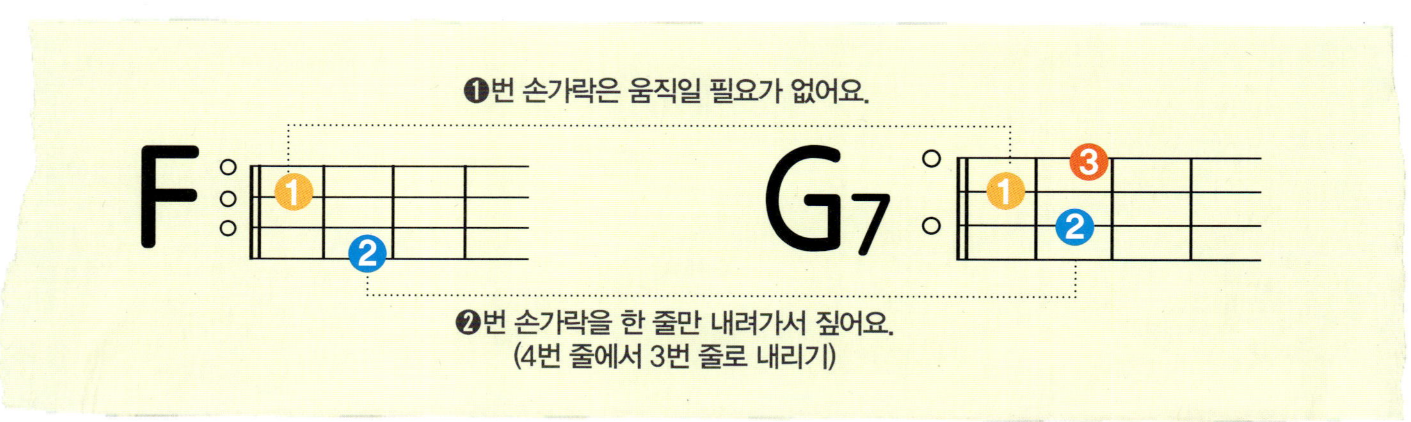

G7(쥐 세븐) 코드 쉽게 잡는 방법

G7 코드는 한 번에 잡기가 많이 어려운 코드입니다. 처음에는 아래의 방법처럼 한 음씩 짚어가면서 연습해보세요.
차츰 익숙해지면 한 번에 잡을 수 있도록 노력하세요.

코드 연습 ① ❶번 손가락 ➡ ❷번 손가락 ➡ ❸번 손가락 순서대로 한 음씩 짚어가는 방법

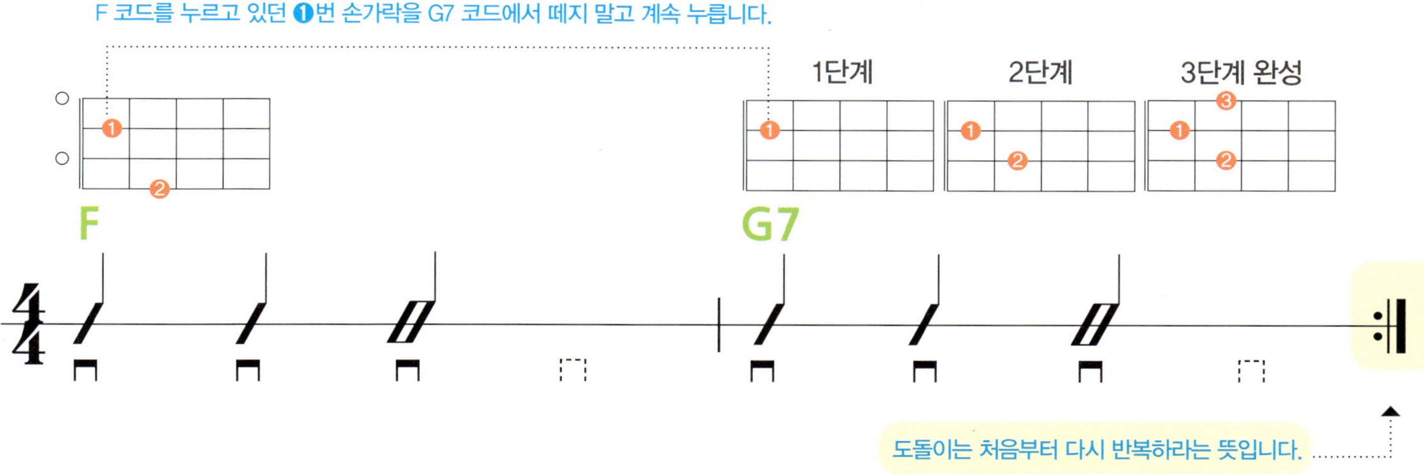

코드 연습 ② 윗 줄(3번 줄)부터 아래로 차례차례 한 음씩 짚어가는 방법

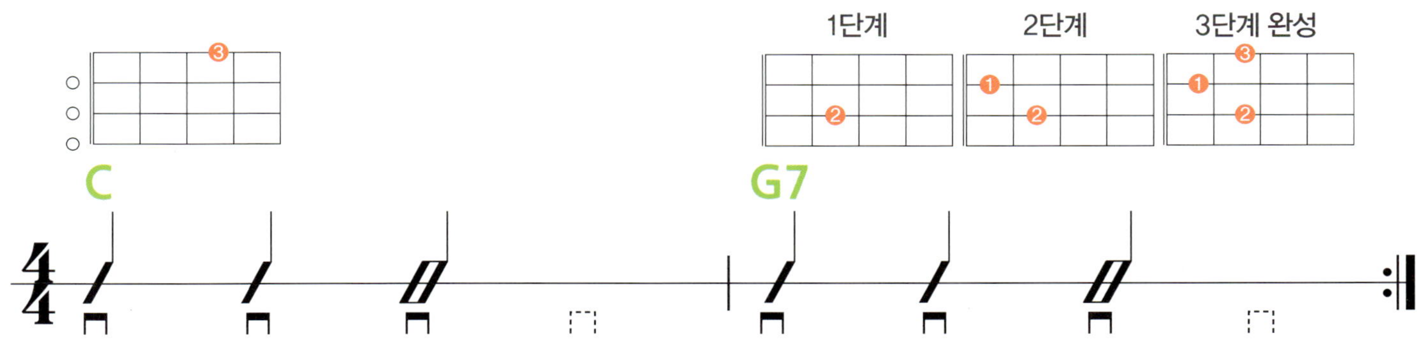

대디 핑거
Daddy Finger

이종근, 신담 작사 · 작곡

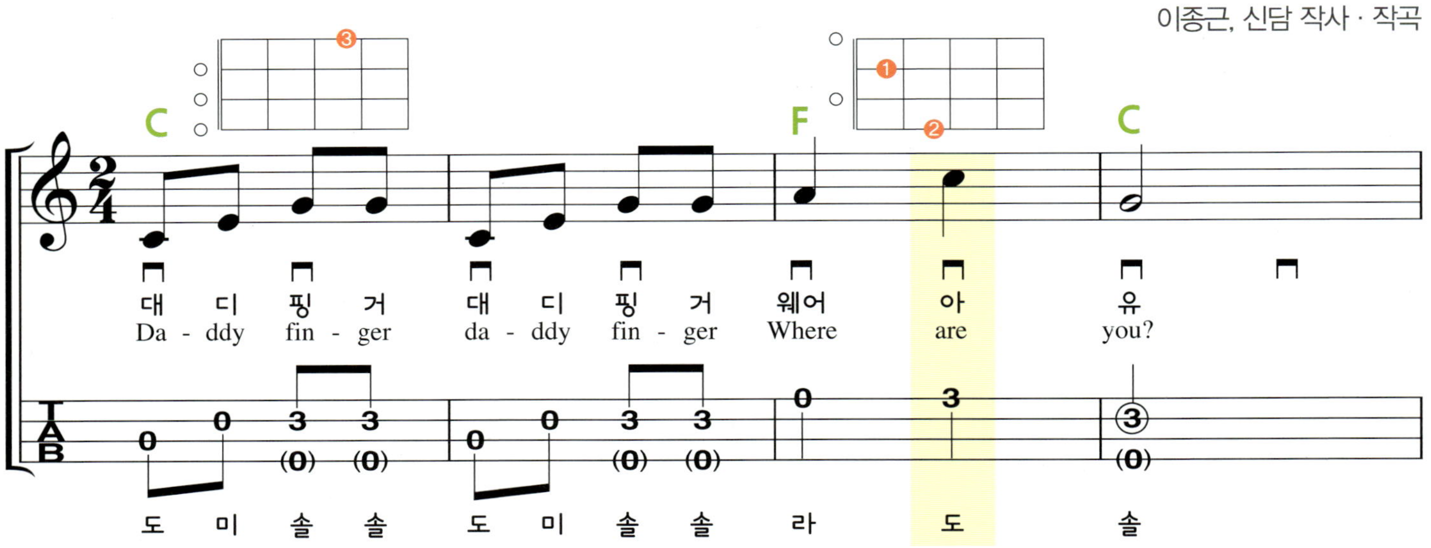

1번 줄 3프렛을
❸번 손가락으로 잡아요.

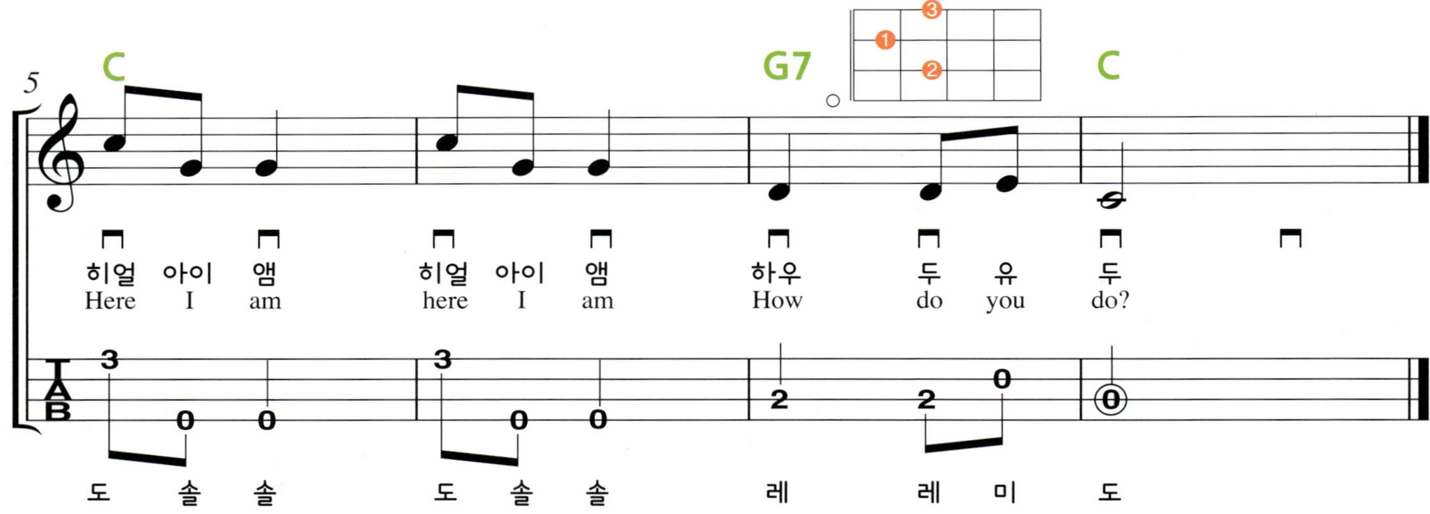

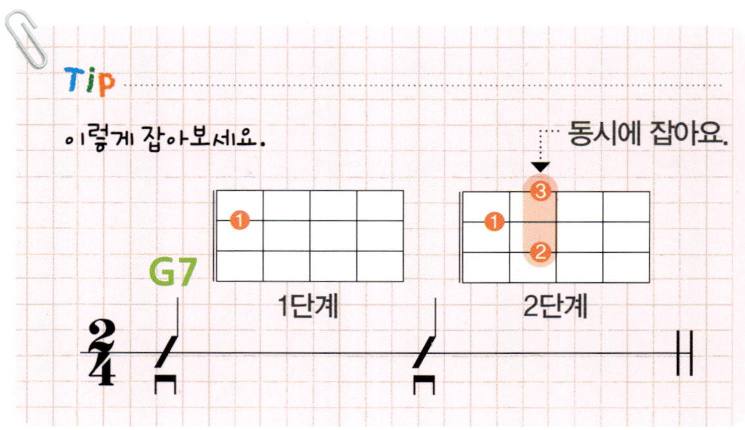

우리 모두 다같이 

선생님께서 코드 반주를 해 주세요. 멜로디는 어린이 여러분이 해주세요. 조금 어려울 수도 있으니 힘내자구요!

이 곡은 원래 못갖춘마디 형식의 곡이지만 어린이 여러분이 쉽게 연주할 수 있도록 갖춘마디 형식으로 편곡했습니다.

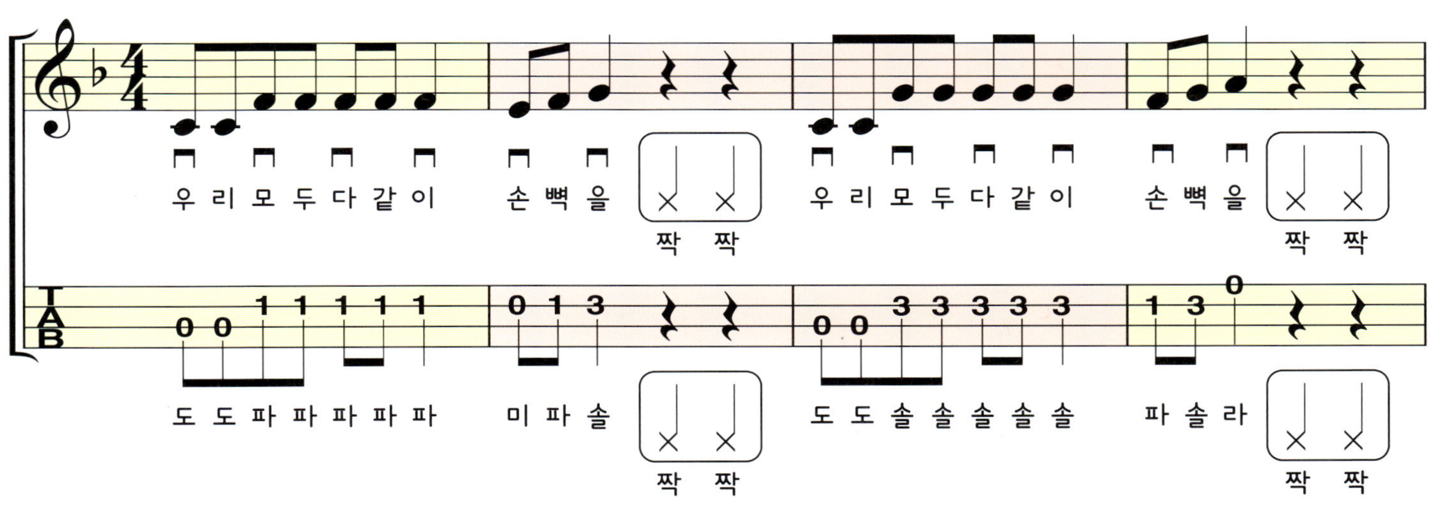

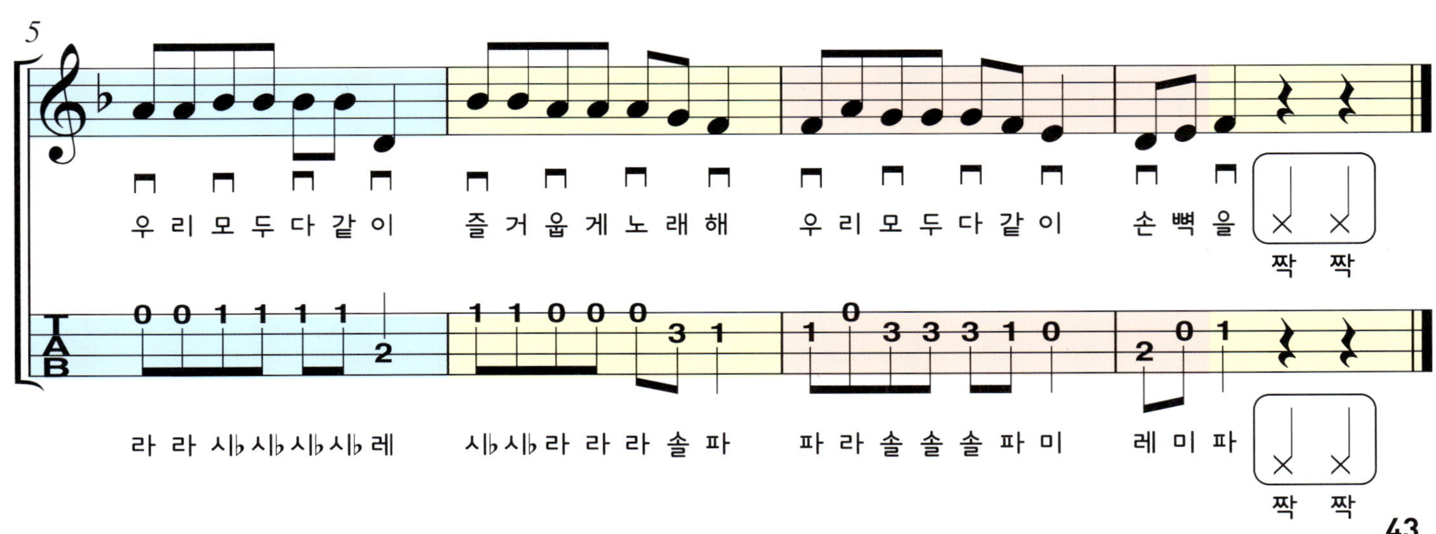

개구리

홍난파 작곡

C
개 굴 개 굴 개 구 리   노 래 를 한 다
솔 솔 솔 솔 솔 솔 미   미 미 미 미 도

G7   C
아 들 손 자 며 느 리   다 - 모 여 서
레 레 레 레 레 미 파   미 파 미 레 도

G7   C
밤 새 도 록 하 여 도   듣 는 이 없 네
레 레 레 미 파 미 레   미 미 미 라 솔

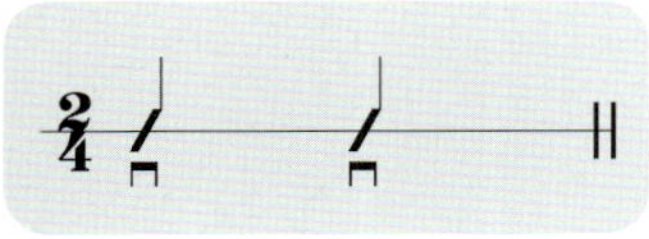

13 **G7** **C**

듣 는 사 람 없 어 도 날 이 밝 도 록
레 레 레 미 파 미 레 미 레 미 라 솔

17 **C** **F**

개 굴 개 굴 개 구 리 노 래 를 한 다
도 도 도 도 도 솔 미 레 미 파 솔 라

1번 줄 2프렛
21 G7 C
개 굴 개 굴 개 구 리 목 청 도 좋 다
솔 솔 솔 솔 솔 라 시 도 도 도 도 도

● 맞는 것끼리 줄로 이어보세요.

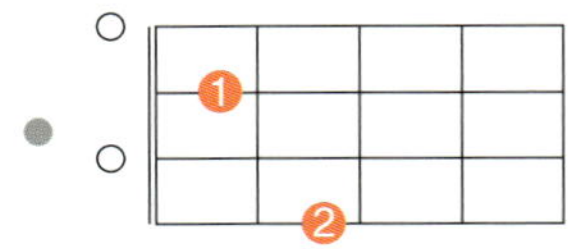

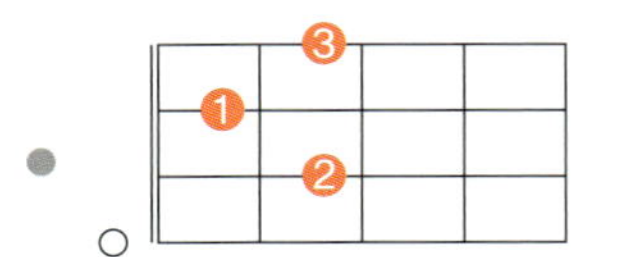

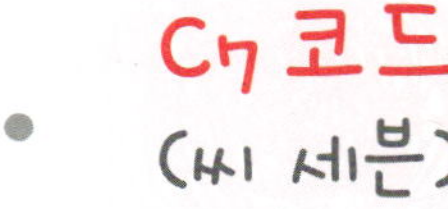

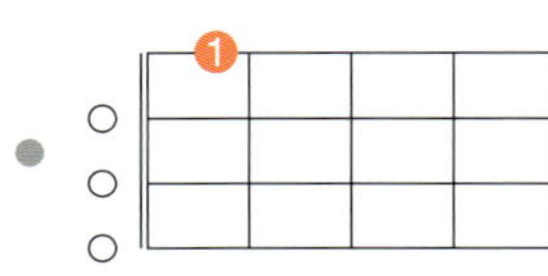

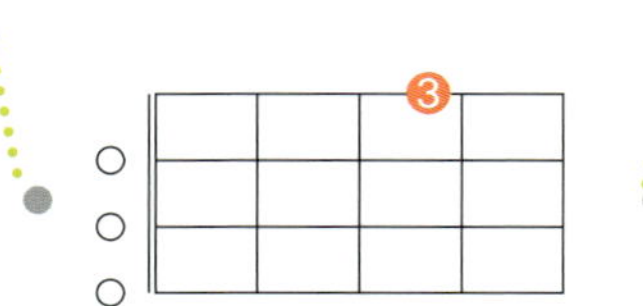

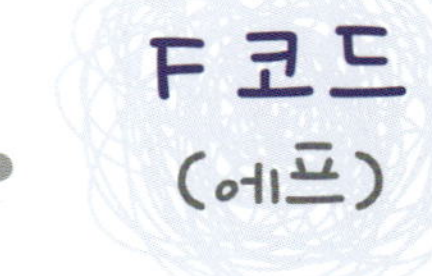

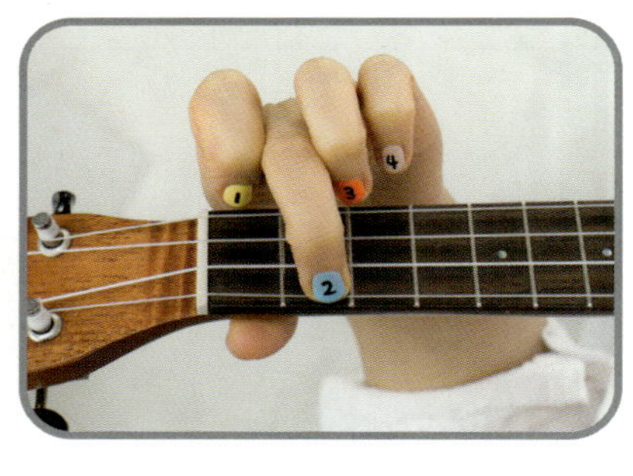

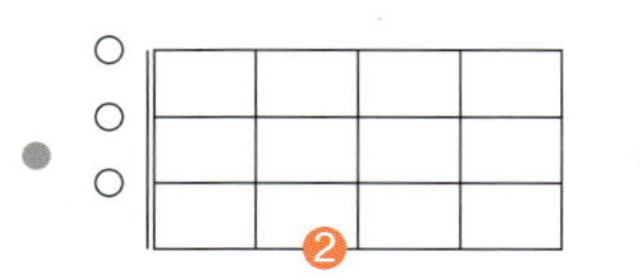

지판음계 익히기 (도~ 높은 도)

개방현을 제외한 음들은 프렛 바로 옆을 짚어야 예쁜 소리가 나는거 아시죠?

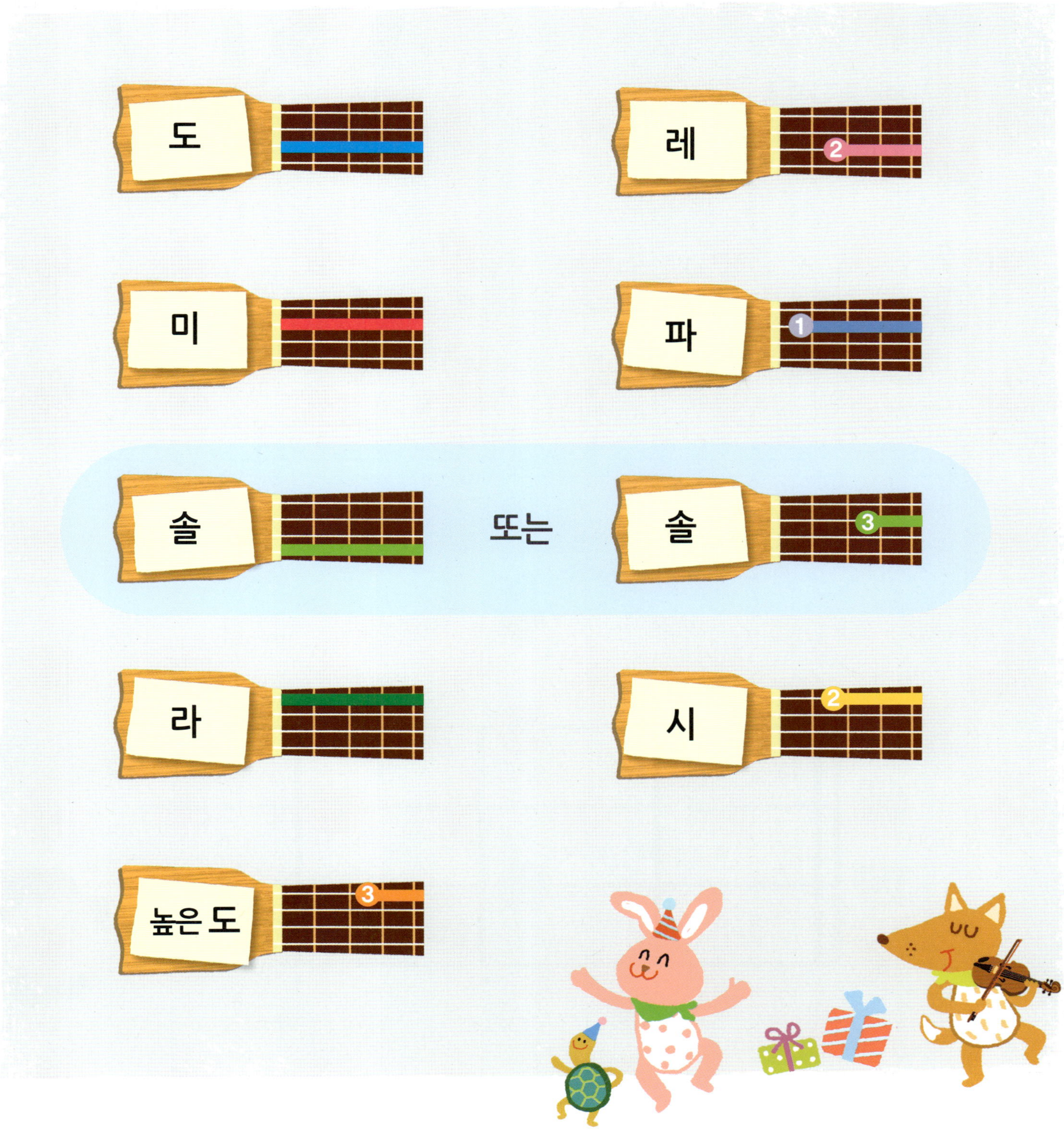

도

레 ②

미

파 ①

솔 또는 솔 ③

라

시 ②

높은 도 ③

우쿨렐레와 음계

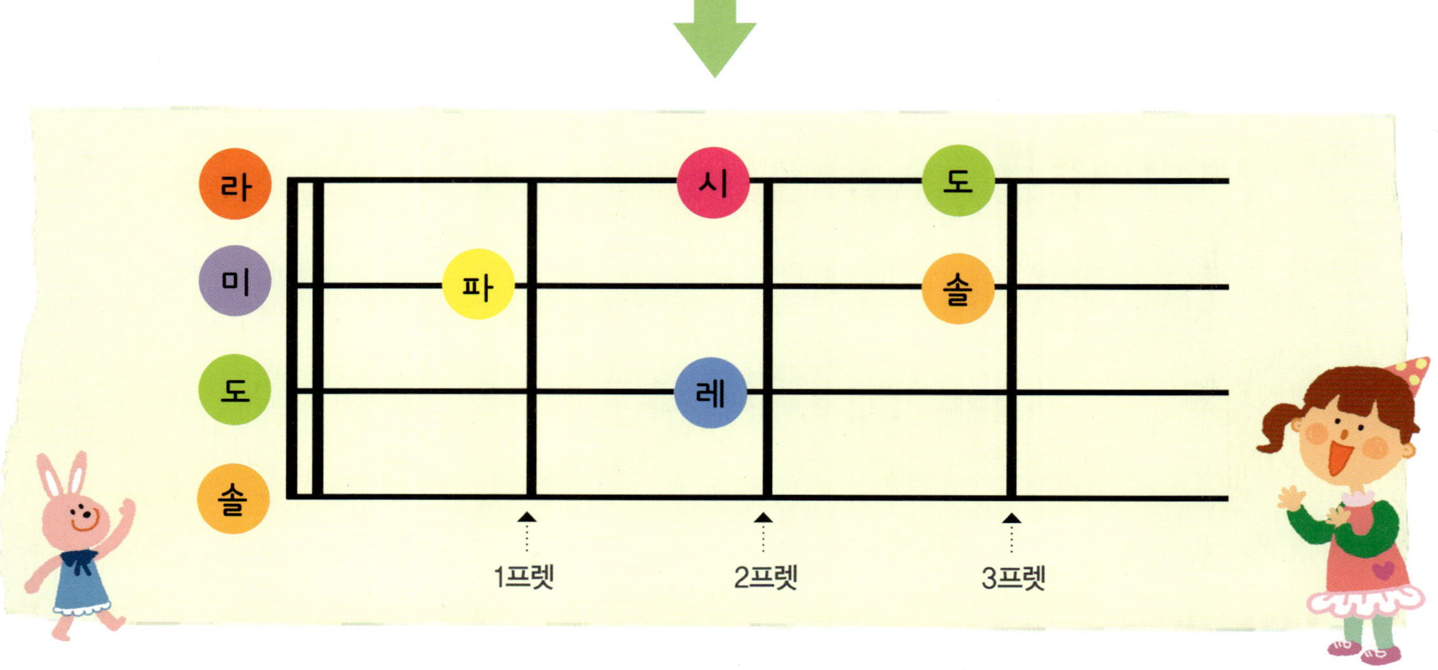
도 레 는 3번 줄
미 파 는 2번 줄
솔 은 4번 줄과 2번 줄
라 시 도 는 1번 줄에 있습니다.

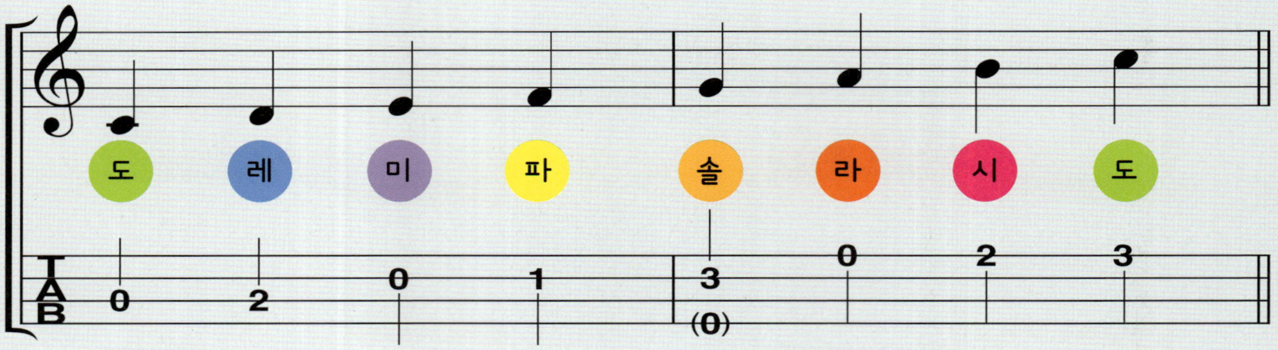

도 레 미 파 솔 라 시 도
T
A
B
0 2 0 1 3 0 2 3
(0)

라 시 도
미 파 솔
도 레
솔
1프렛 2프렛 3프렛

캉캉

오펜바흐 작곡

선생님 : 코드 반주
어린이 : 멜로디 연주

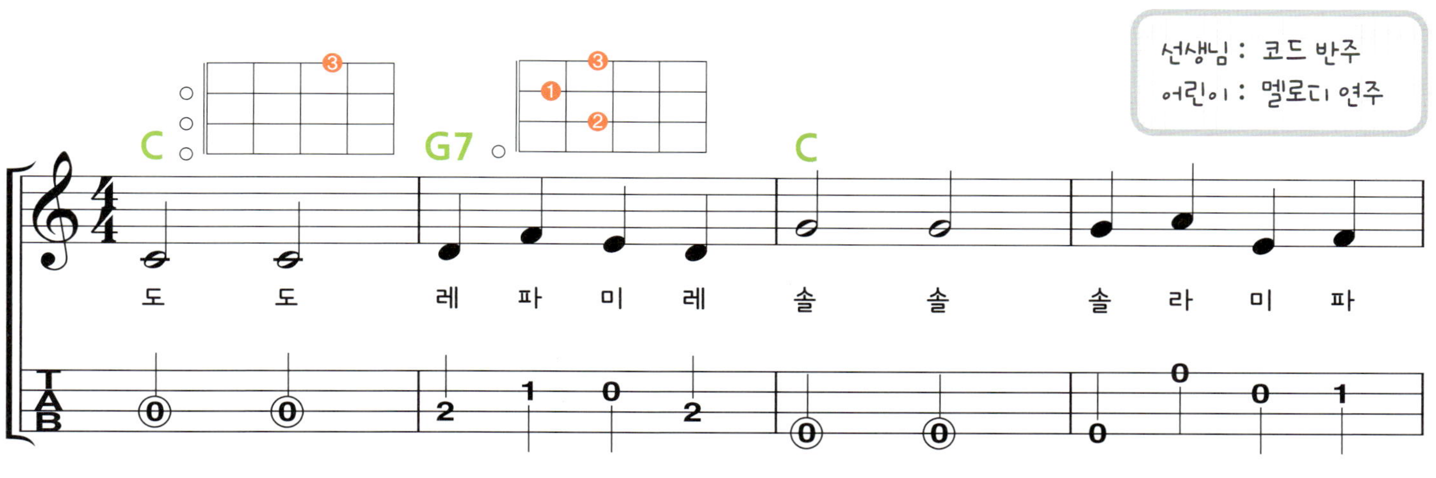

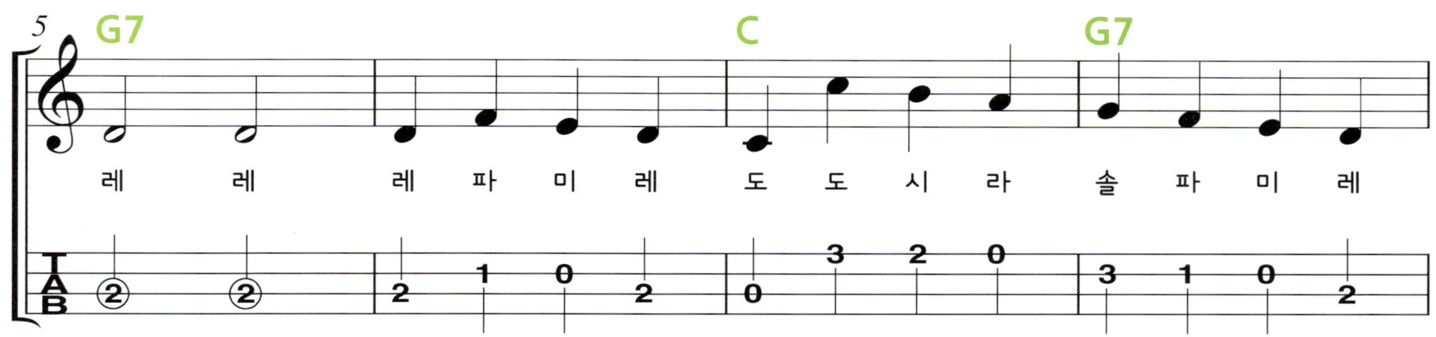

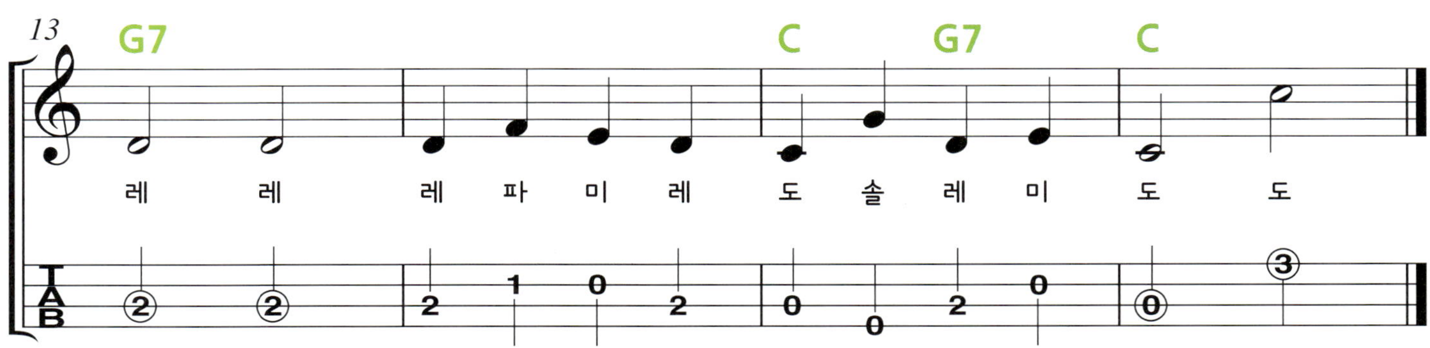

반짝 반짝 작은 별

모차르트 작곡
선생님 : 코드 반주
어린이 : 멜로디 연주
C   F   C   G7   C   G7   C
도 도 솔 솔 라 라 솔   파 파 미 미 레 레 도
C   G7   C   G7   C   G7   C   G7
솔 솔 파 파 미 미 레   솔 솔 파 파 미 미 레
C   F   C   G7   C   G7   C
도 도 솔 솔 라 라 솔   파 파 미 미 레 레 도

스트로크는 손이나 피크를 사용하여 여러 줄을 동시에 치는 것을 뜻하며 다운(down) 스트로크와 업(up) 스트로크가 있습니다.

집게손가락(i)을 사용하는 다운(⊓) 스트로크 

지금까지는 주로 엄지손가락을 사용하여 다운 스트로크와 멜로디 연주를 했지만 이번에는 집게손가락을 사용하여
다운 스트로크와 업 스트로크를 배우도록 합니다.

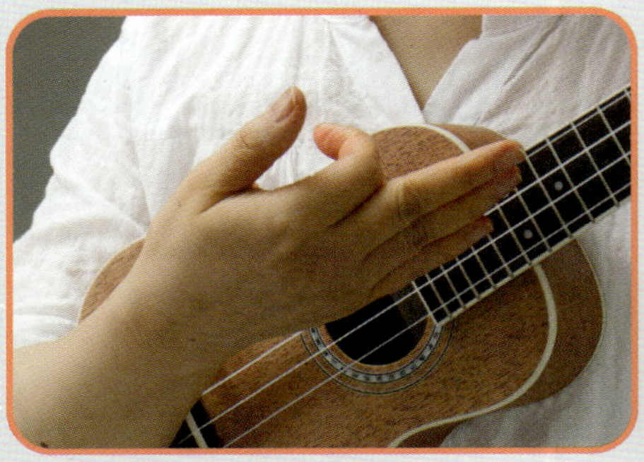

- **스트로크 전의 모습**
  집게손가락을 구부렸다가 쭉 펴면서 내려칩니다.

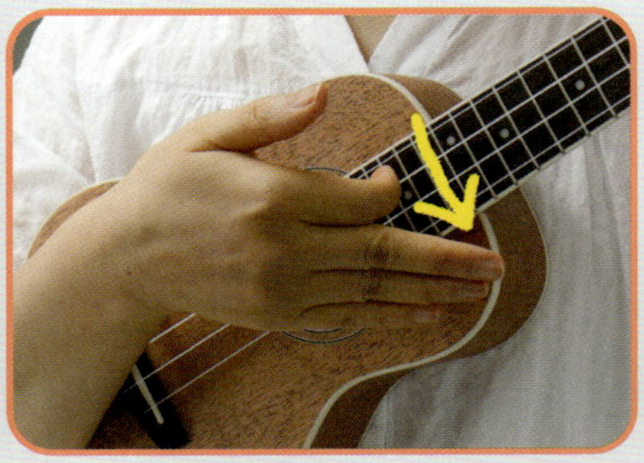

- **스트로크 중의 모습**
  손목의 스냅을 사용하여 줄을 가볍게 스치며 내려칩니다.

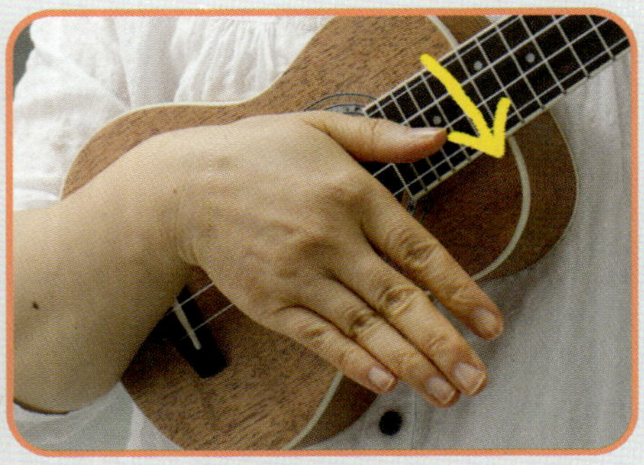

- **스트로크 후의 모습**
  4번 줄부터 1번 줄 방향으로 손가락을 쭉 펴면서 내려칩니다.

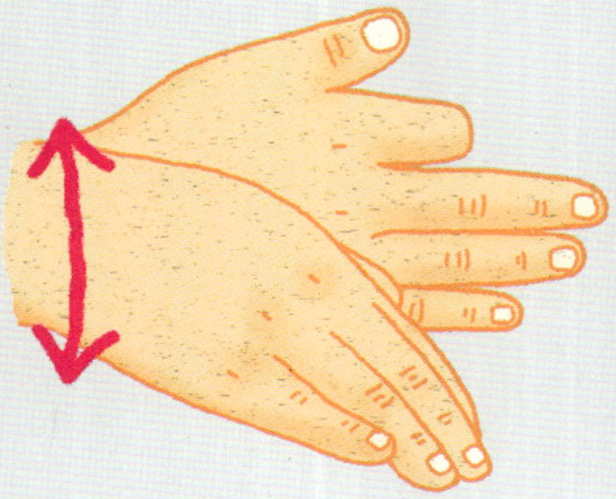

손목의 스냅을 사용하여 자연스럽게 스트로크 합니다.

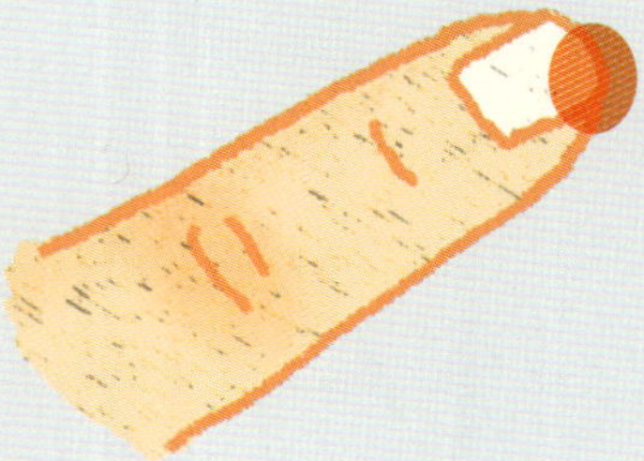

다운 스트로크 시 손톱의 중앙에서 약간 오른쪽 끝 부분으로 줄을 내려칩니다. 집게손가락의 손톱을 약간 기르면 좋습니다.

집게손가락(i)을 사용하는
업(∨) 스트로크

위의 사진과 같이 집게손가락으로 다운 스트로크를 한 뒤
집게손가락 안쪽의 살과 손톱을 이용하여 위로 올려치면
됩니다. 다운, 업 스트로크를 반복하여 8비트 리듬을 연주
할 수 있습니다.

피크를 사용하는 스트로크 

우쿨렐레를 연주할 때에는 일반적으로 손가락을 이용해서 스트로크하지만 손톱이 약한 사람이나 어린 학생들은 손이 아파서 연주가 힘들 경우 피크를 사용하기도 합니다.

우쿨렐레 전용 펠트(Felt) 피크를 사용하는 것이 좋지만, 구하기가 힘들 경우 통기타용 피크 중에서 가장 얇은 피크를 사용해도 무방합니다. 피크로 연주할 때 피크가 줄에 스치듯이 가볍게 스트로크 합니다. 이때 피크가 지판이나 보디에 닿아 스크래치가 나지 않도록 합니다.

♪ 피크 바르게 잡는 법

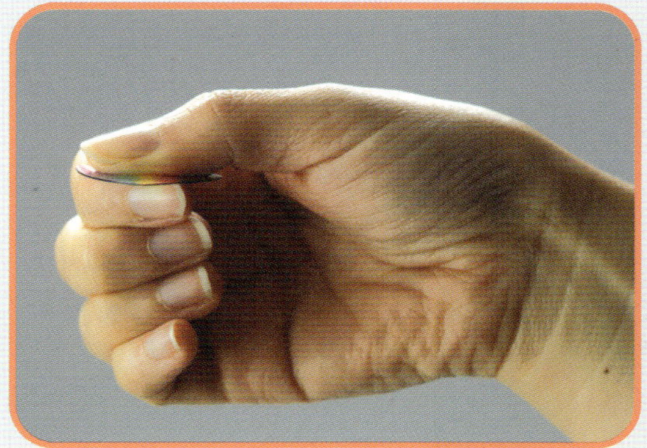

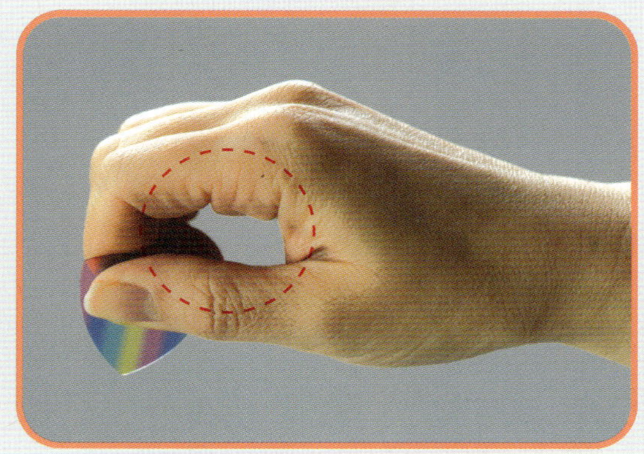

공간이 생기도록 합니다.

• 스트로크 전의 모습

손바닥을 바깥쪽으로 약간 젖혀준다.

• 스트로크 중의 모습

손목의 스냅을 사용하여 부드럽게 스트로크 한다.

• 스트로크 후의 모습

피크가 지판이나 보디에 닿지 않도록 주의한다.

악센트란?

악센트는 어떤 음이나 리듬을 좀 더 강하게 연주하라는 뜻입니다. $\frac{4}{4}$ 박자 리듬의 경우 스트로크 할 때 첫째박과 셋째박보다 둘째박과 넷째박을 좀 더 강하게 치면 더욱 신나고 흥겨운 연주가 됩니다.

음표위에 '>'로 표시합니다. 집게손가락이나 피크로 자유롭게 연주해 보세요.

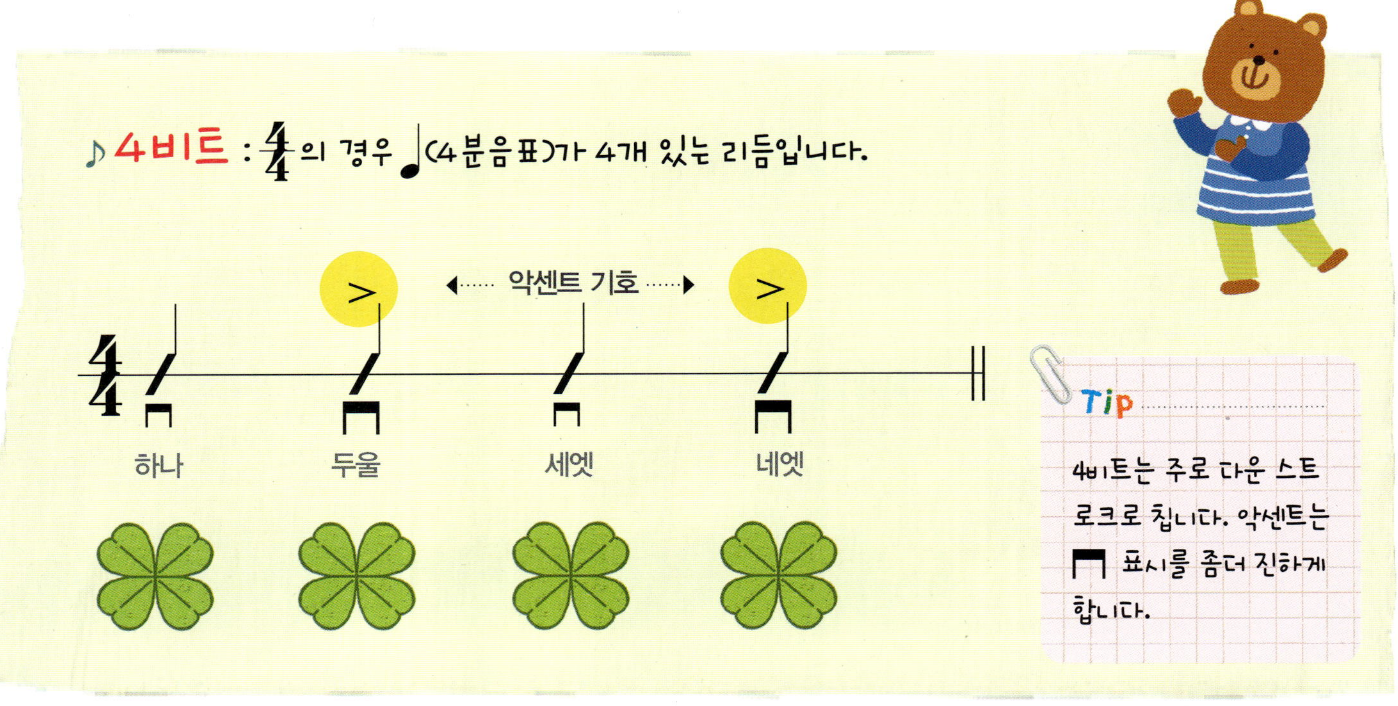

연습 ❶

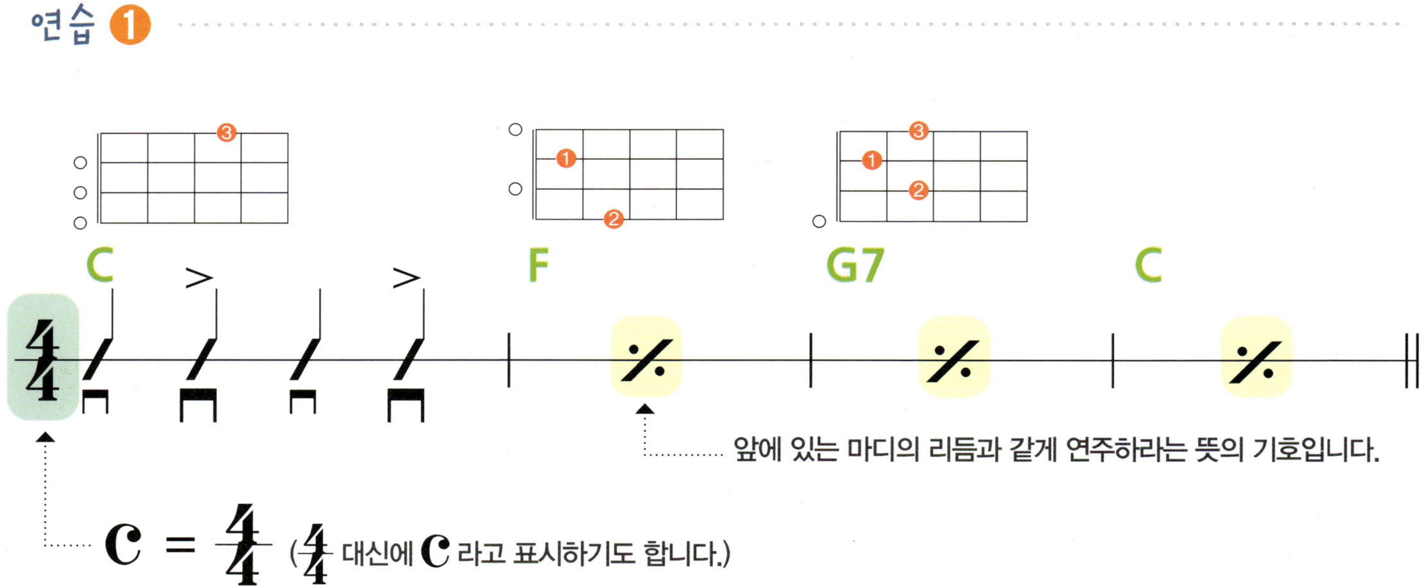

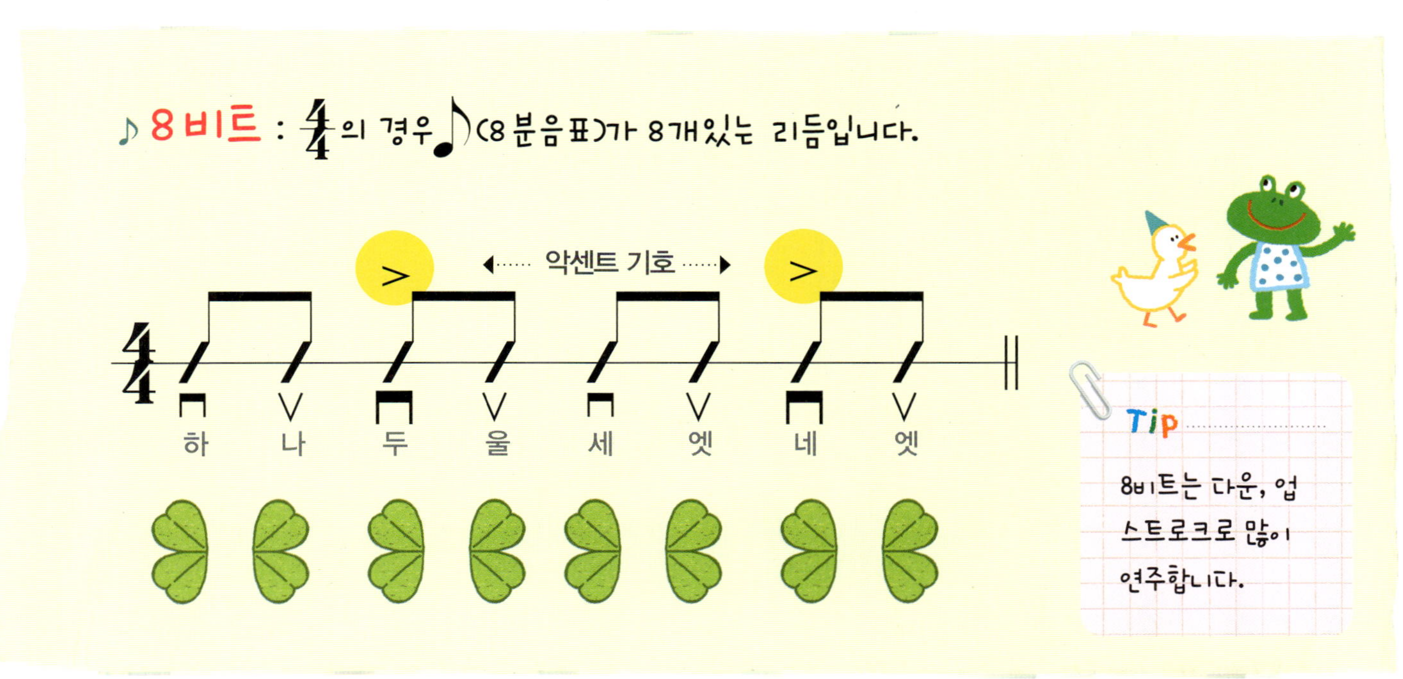

♪ 8비트 : 4/4의 경우 ♪(8분음표)가 8개있는 리듬입니다.
악센트 기호
> >
하 나 두 울 세 엣 네 엣
Tip
8비트는 다운, 업 스트로크로 많이 연주합니다.

연습 ❷

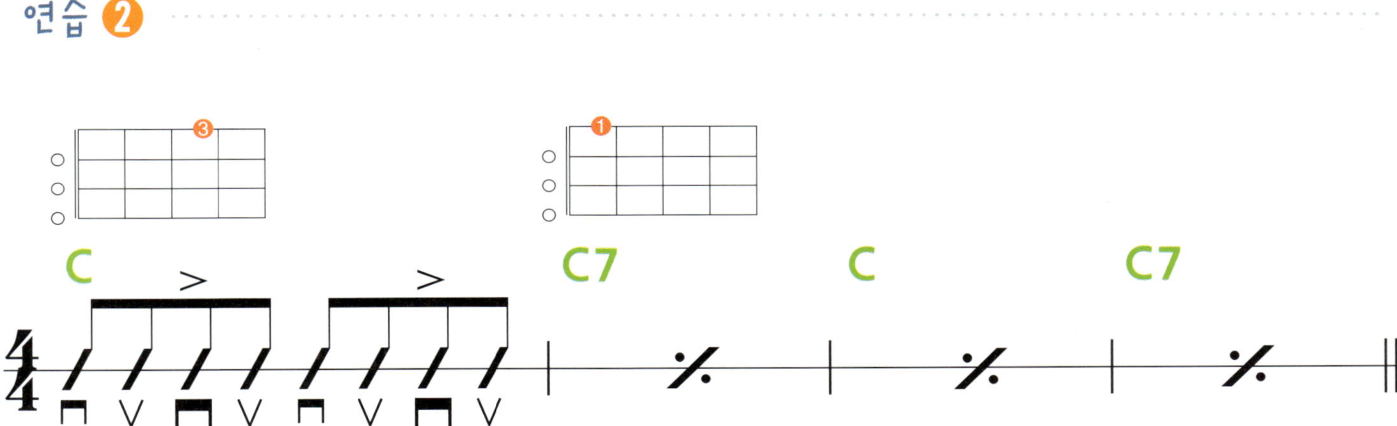

C > > C7 C C7

헛 손질 하는 공 스트로크

공 스트로크란 스트로크를 할 때 손을 움직이긴 하지만 소리가 나지 않게 줄 위로 헛 손질 하는 것을 말하며
점선 ⊓ , ∨ 로 표시합니다.

부분은 헛 손질 하여 소리가 나지 않게 스트로크합니다(공 스트로크).

8비트 리듬 익히기 1

이제부터 신나고 흥겨운 8비트 리듬을 연주해 봅시다. 어려울 경우 4비트로 연주해도 좋습니다.

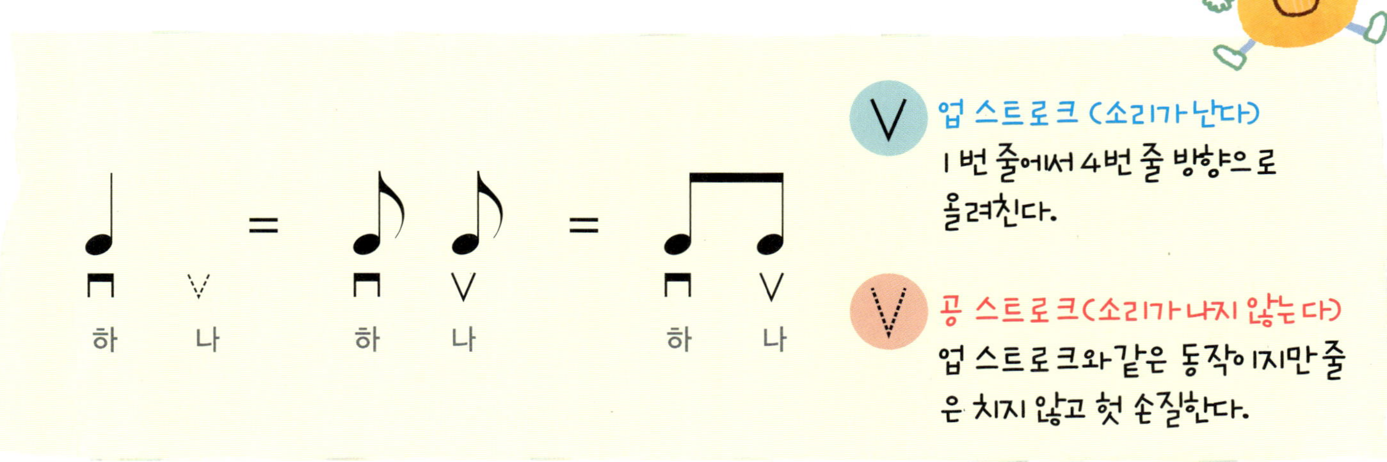

연습 ❶

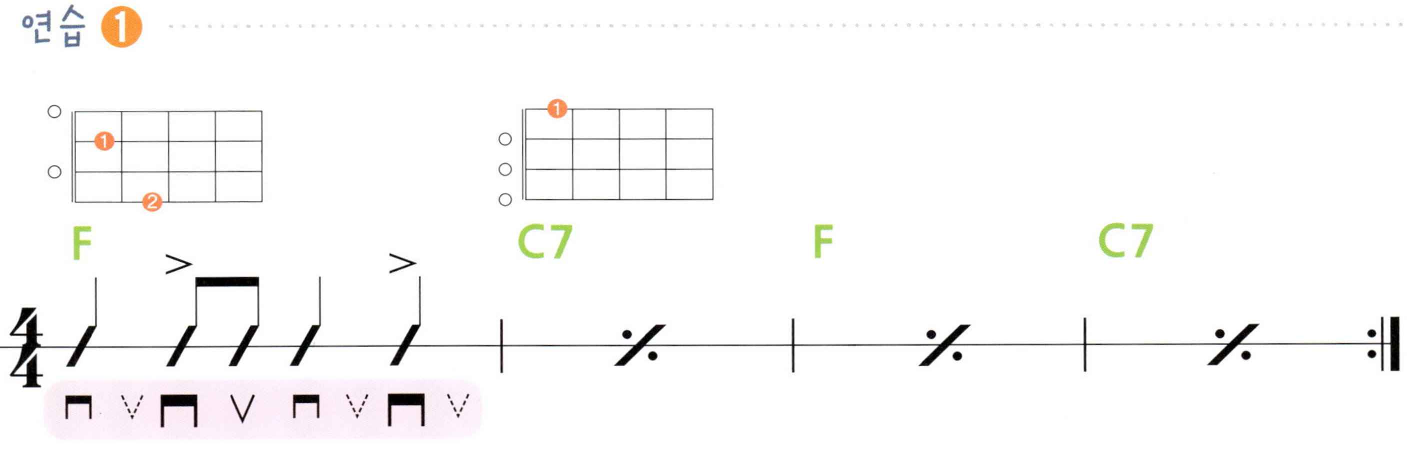

▛와 헛 손질을 하는 ∨, 소리내는 ∨가 한마디에 8개 있으면 8비트 리듬입니다.

연습 ❷

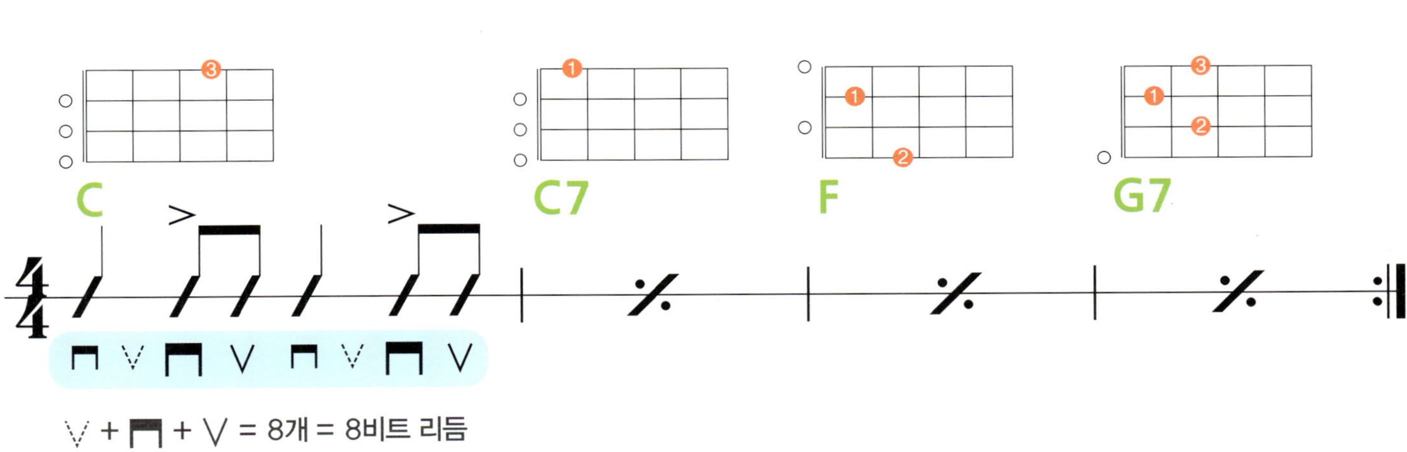

∨ + ▛ + ∨ = 8개 = 8비트 리듬

꽁당 보리밥

작자 미상

F
C7
F
C7
F
꼬 꼬댁꼬 꼬   먼 동 이 튼 다   복 남 이 네 집 에 서   아 침 을 먹 네
4비트
8비트
앞마디와 리듬이 같다는 뜻이에요.
4비트와 8비트 리듬 모두 연주해 보세요.

F
C7
F
옹 기 종 기 둘 러 앉 아   꽁 당 보 리 밥   꿀 맛 보 다 더 맛 좋 은
C7
F
C7
F
꽁 당 보 리 밥   보 리 밥 먹 는 사 람   신 체 건 강 해

8비트 리듬 익히기 2

아래의 8비트 리듬으로 스트로크 할 때 코드 바꾸기가 어려운 학생은 우선은 4비트 리듬으로 연주해도 좋습니다.
코드 체인지 연습을 더 한 뒤에 8비트에 도전하세요.

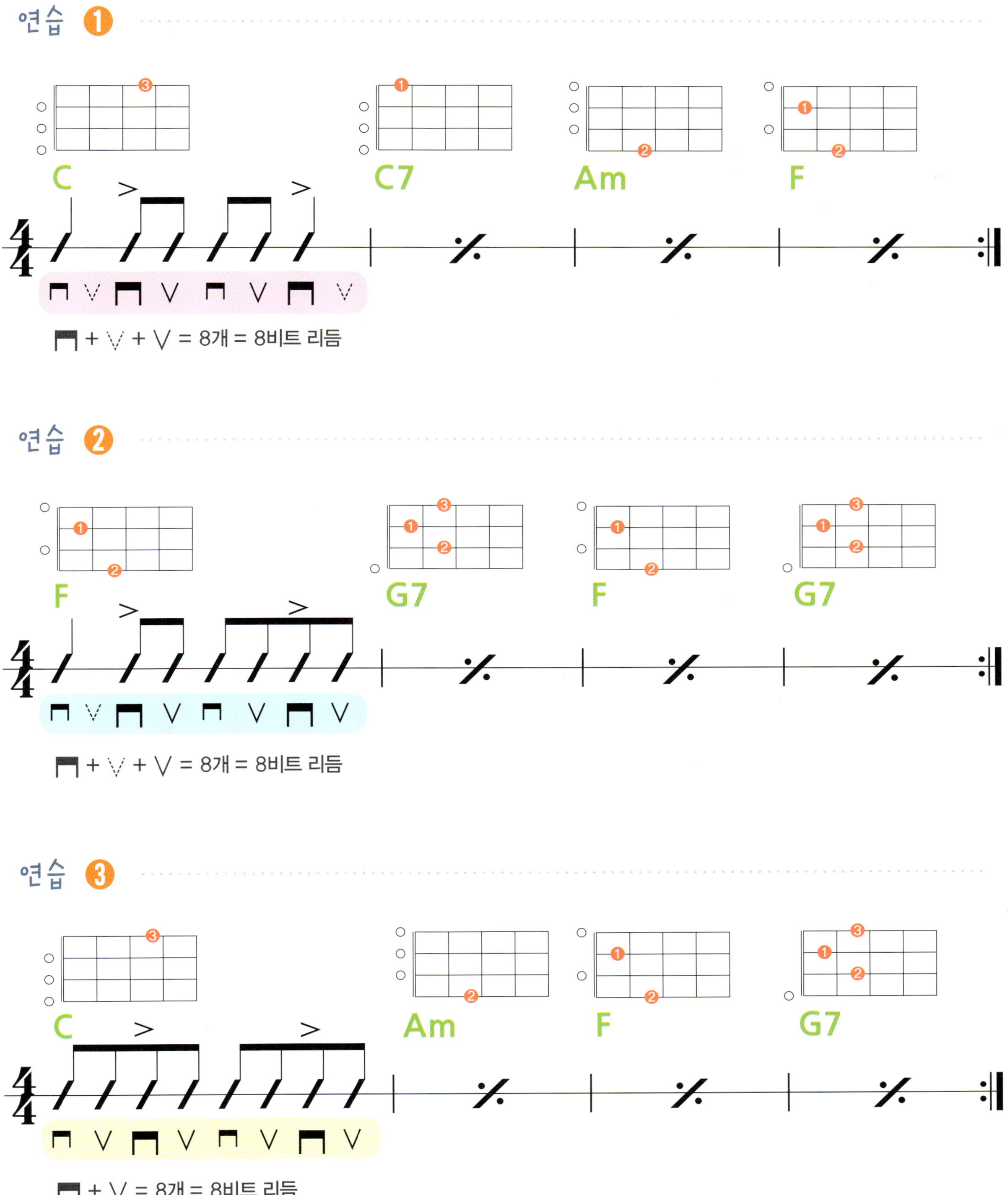

영어 인사 노래

이요섭 작사 · 작곡

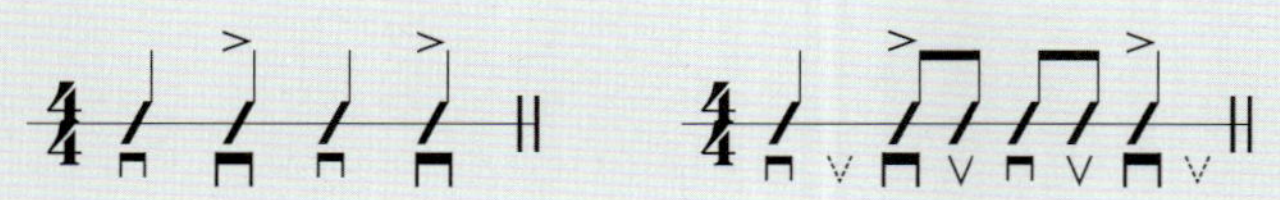

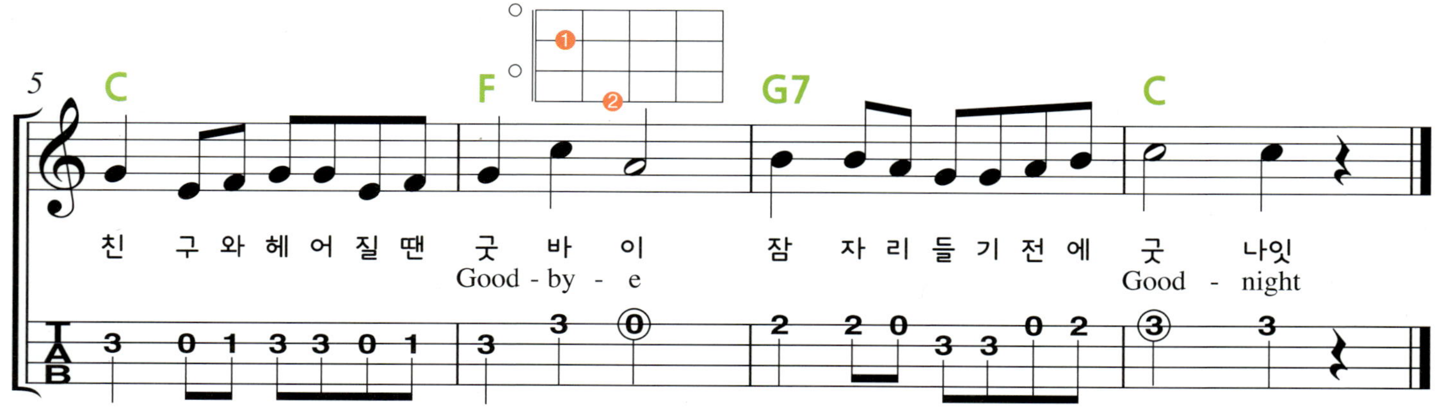

동물농장

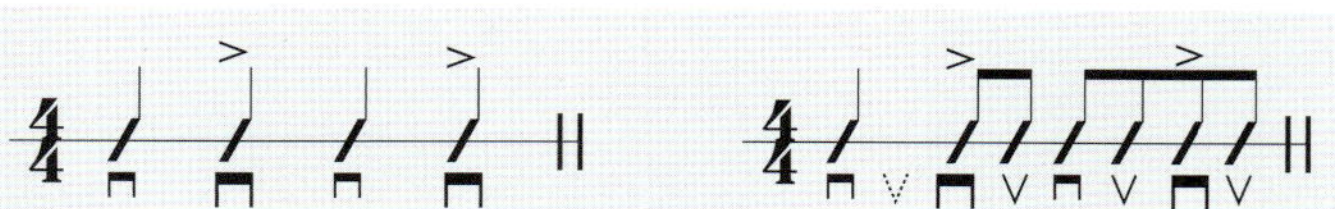

작자 미상

C
G7
C
닭 장 속 - 에 는 암 탉 이 - 문 간 옆 - 에 는 거 위 가 -

C
G7
C
배 나 무 - 밑 엔 염 소 가 - 외 양 간 - 에 는 송 아 지 -

C
F
G7
C
닭 장 속 - 에 는 암 탉 들 - 이 문 간 옆 - 에 는 거 위 들 - 이

C
F
G7
C
배 나 무 - 밑 엔 염 소 들 - 이 외 양 간 - 에 는 송 아 지 -

C
F
G7
C
우 하 야 - - 우 - - - 우 - -

C
F
G7
C
우 하 야 - - 우 - - - 우

그대로 멈춰라

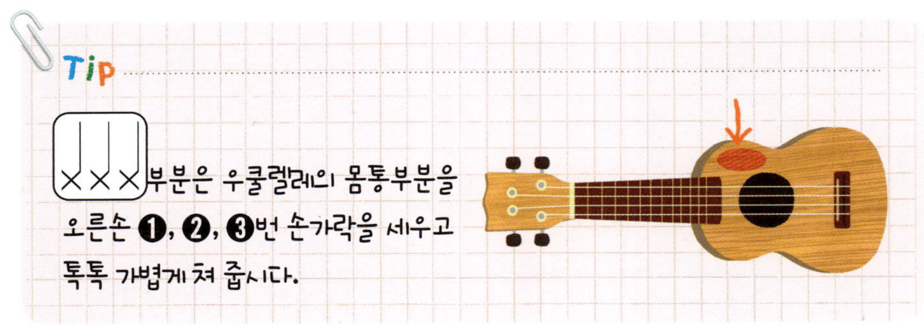

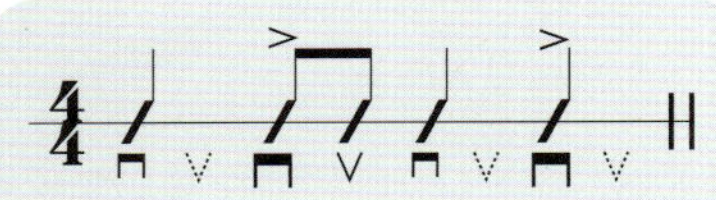

김방옥 작사 · 작곡

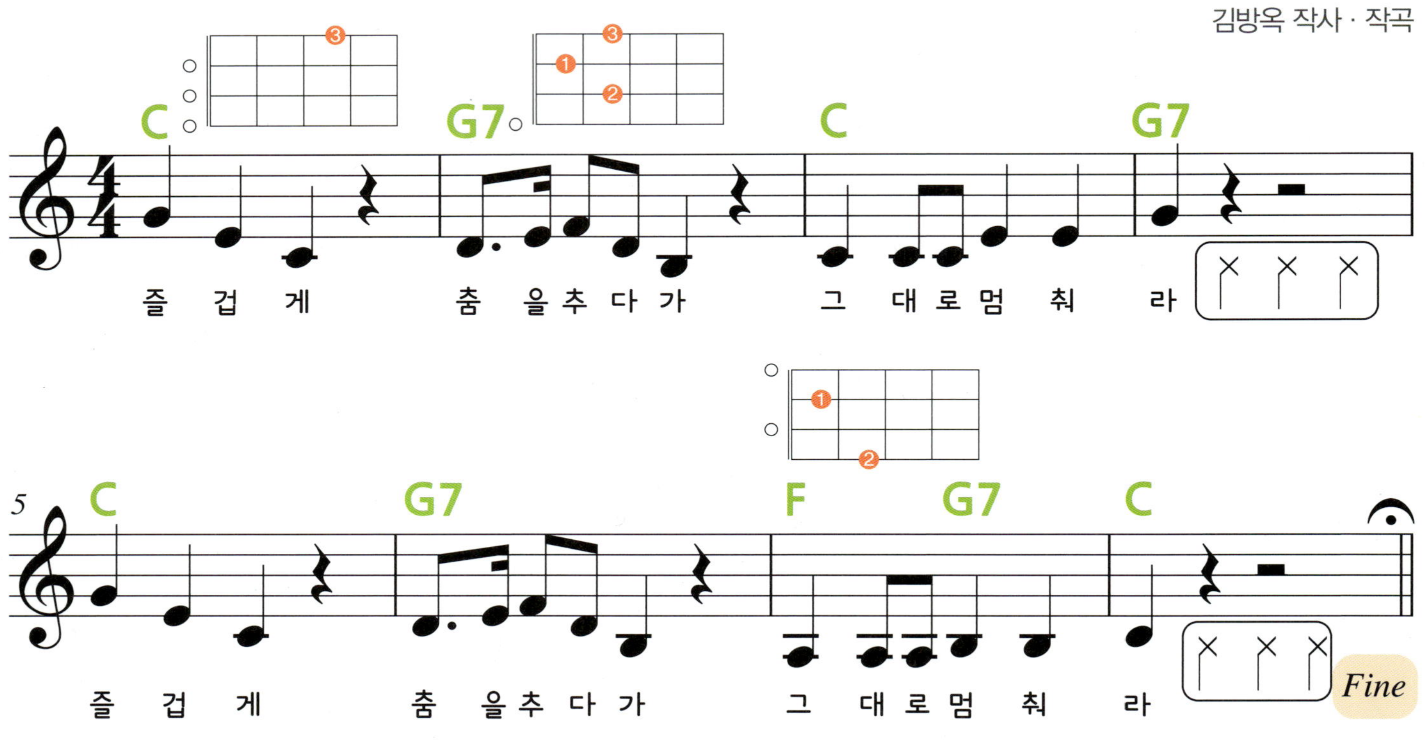

D.C. (다 카포) : 처음으로 돌아가서
Fine (피네) ⌢ 에서 끝냅니다.

텔레비전

정근 작사 · 작곡

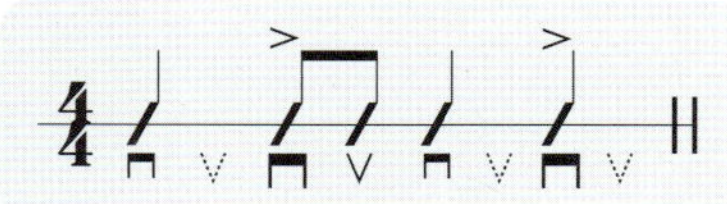

F   C7   F C7 F
텔 레 비 전 에   내 가 나 왔 으 면   정 말 좋 겠 네   —   정 말 좋 겠 네
텔 레 비 전 에   엄 마 나 왔 으 면   정 말 좋 겠 네   —   정 말 좋 겠 네

F   C7   F   C7
춤 추 고   노 래 하 는   예 쁜 내 얼 굴
아 기 가   엄 마 하 고   부 를 테 니 까

F   C7   F C7 F
텔 레 비 전 에   내 가 나 왔 으 면   정 말 좋 겠 네   —   정 말 좋 겠 네
텔 레 비 전 에   엄 마 나 왔 으 면   정 말 좋 겠 네   —   정 말 좋 겠 네

8비트 리듬 익히기 3 

이번에는 조용하고 잔잔한 노래에 어울리는 8비트 리듬을 배워보겠습니다. 보통 흥겹고 빠른 템포의 곡은 다운 , 업 스트로크로 연주하고 잔잔하면서 느린 곡은 다운 스트로크로 연주하는 것이 어울립니다.

연습 ❶

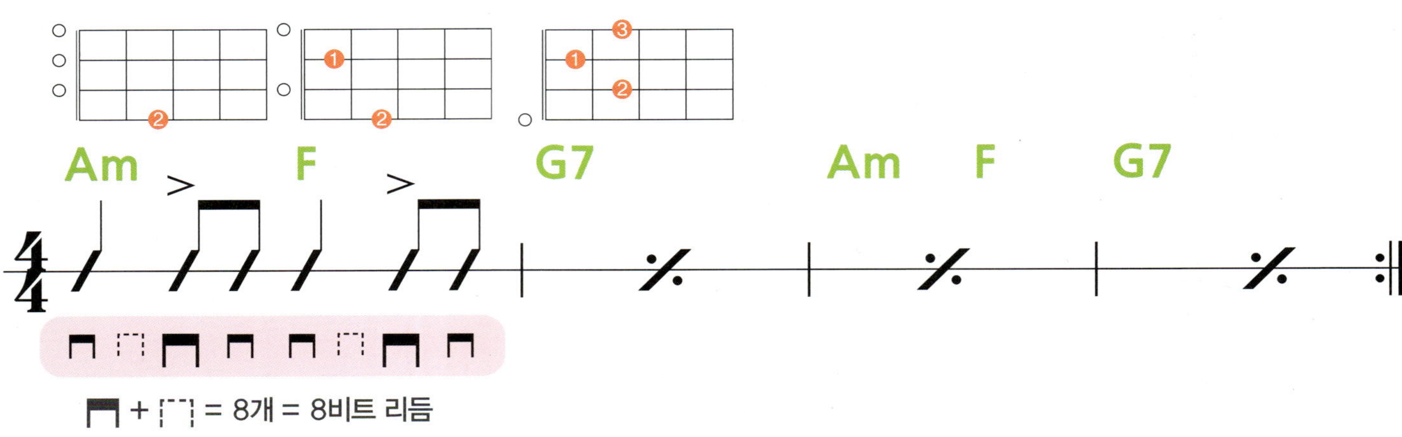

연습 ❷

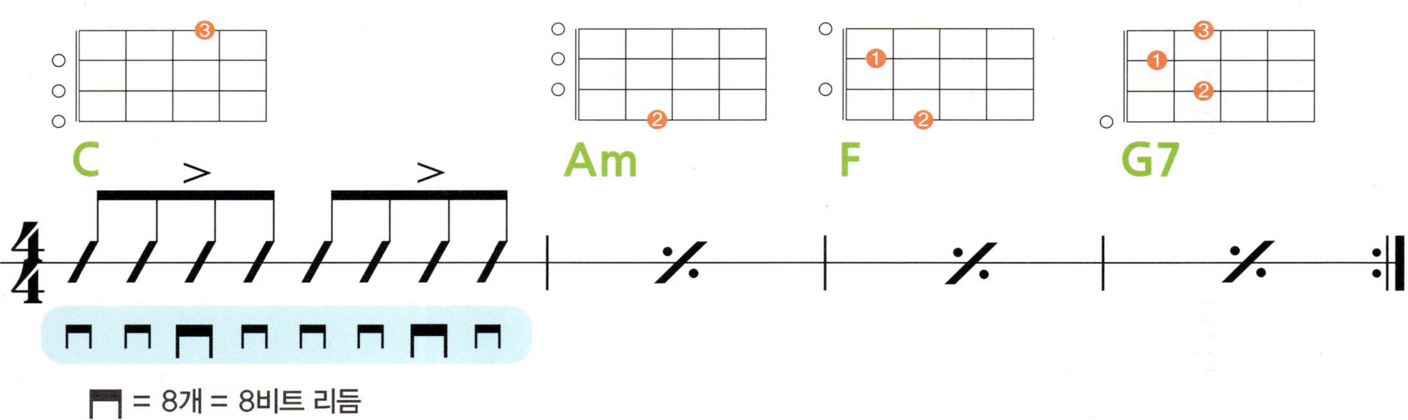

Dm (디 마이너) 코드 익히기 : D(디) + m(마이너) = 디 마이너

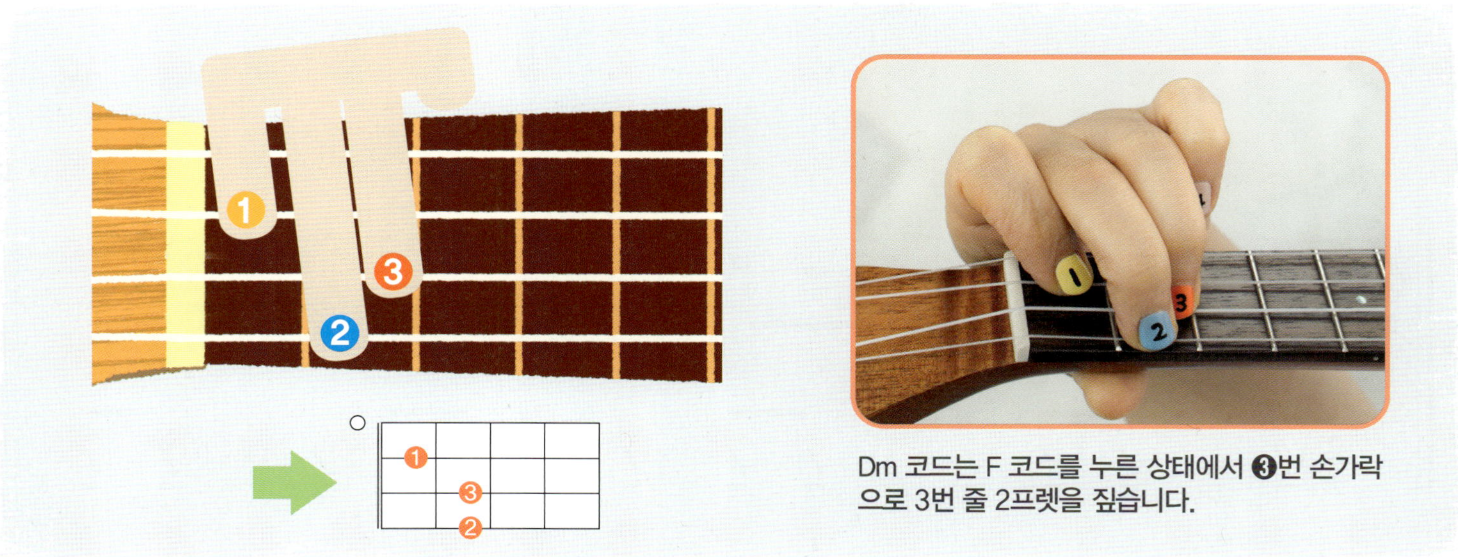

Dm 코드는 F 코드를 누른 상태에서 ❸번 손가락으로 3번 줄 2프렛을 짚습니다.

F 코드에서 Dm 코드로 이동하기

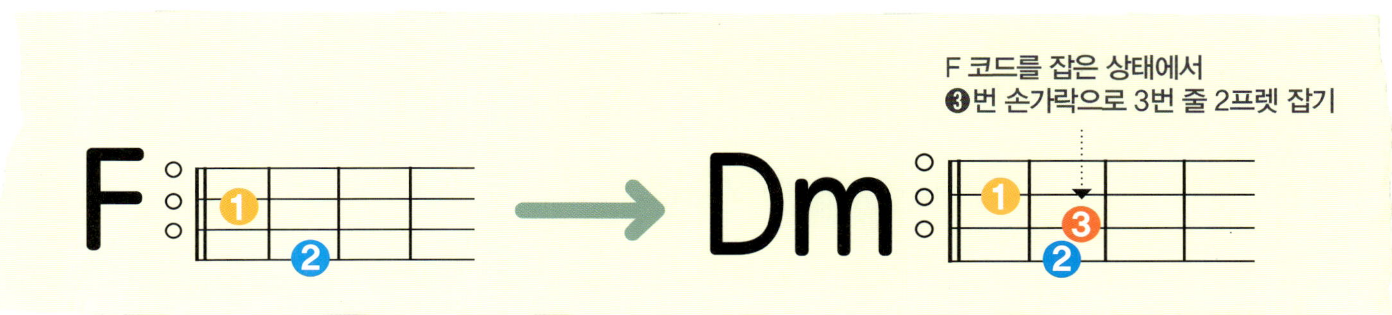

연습 ❶

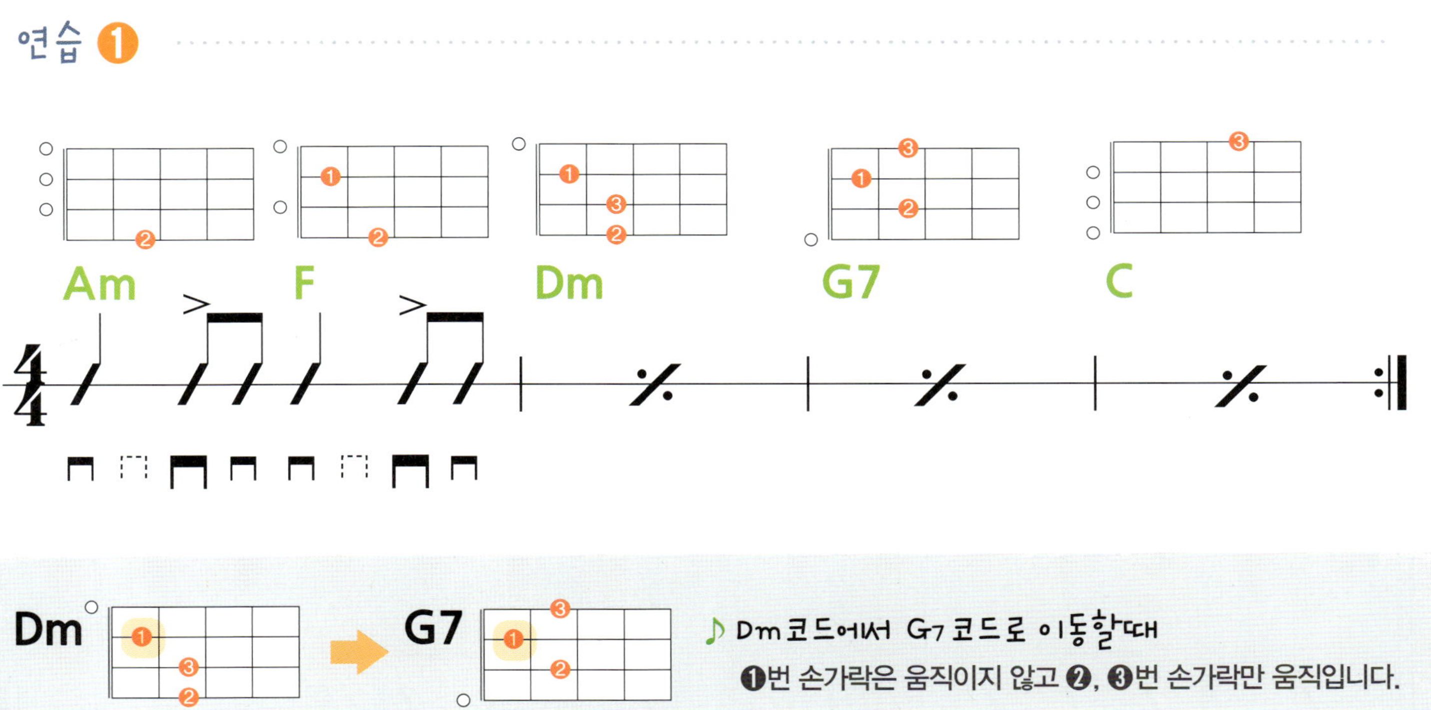

♪ Dm 코드에서 G7 코드로 이동할 때
❶번 손가락은 움직이지 않고 ❷, ❸번 손가락만 움직입니다.

러브 송

김영아 작사
전준규 작곡

C
1단계
2단계
Dm
한 번에 잡기 어려우면
F 먼저 잡고 나머지를
짚어도 좋아요

흰 눈이 기쁨 되는 날 -

잔잔하게 다운 스트로크로 연주해보세요.

C
Dm
G7
흰 눈이 미소 되는 날 -

C
F
흰 눈이 꽃잎 처럼 내 려 와 우 리

C
G7
C
의 사랑 축 복 해 -

엄지손가락으로 4번 줄부터 1번 줄까지
자르르릉하는 느낌으로 내려칩니다.

또 만나요

오세은 작사 · 작곡

산타루치아

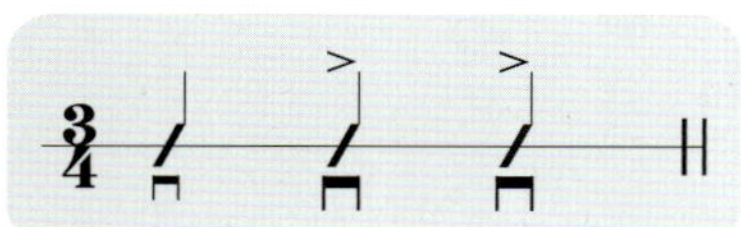

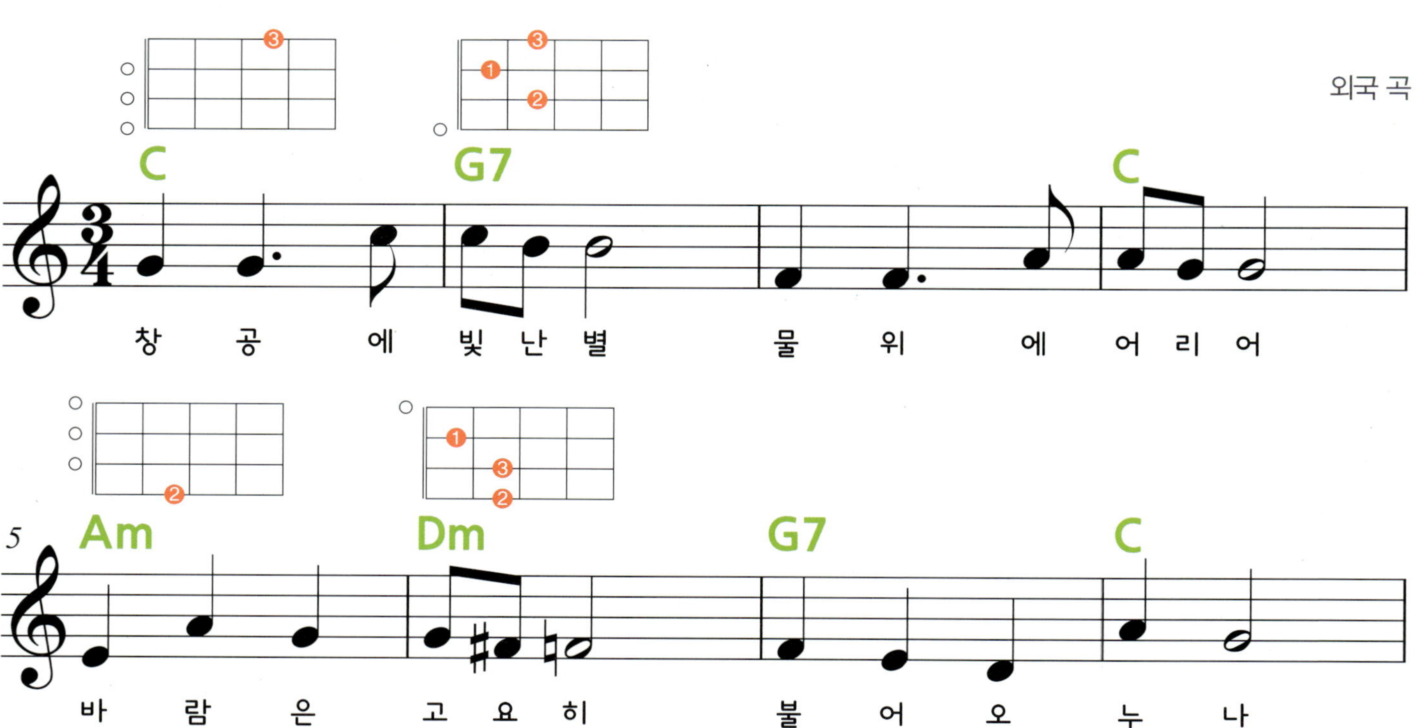

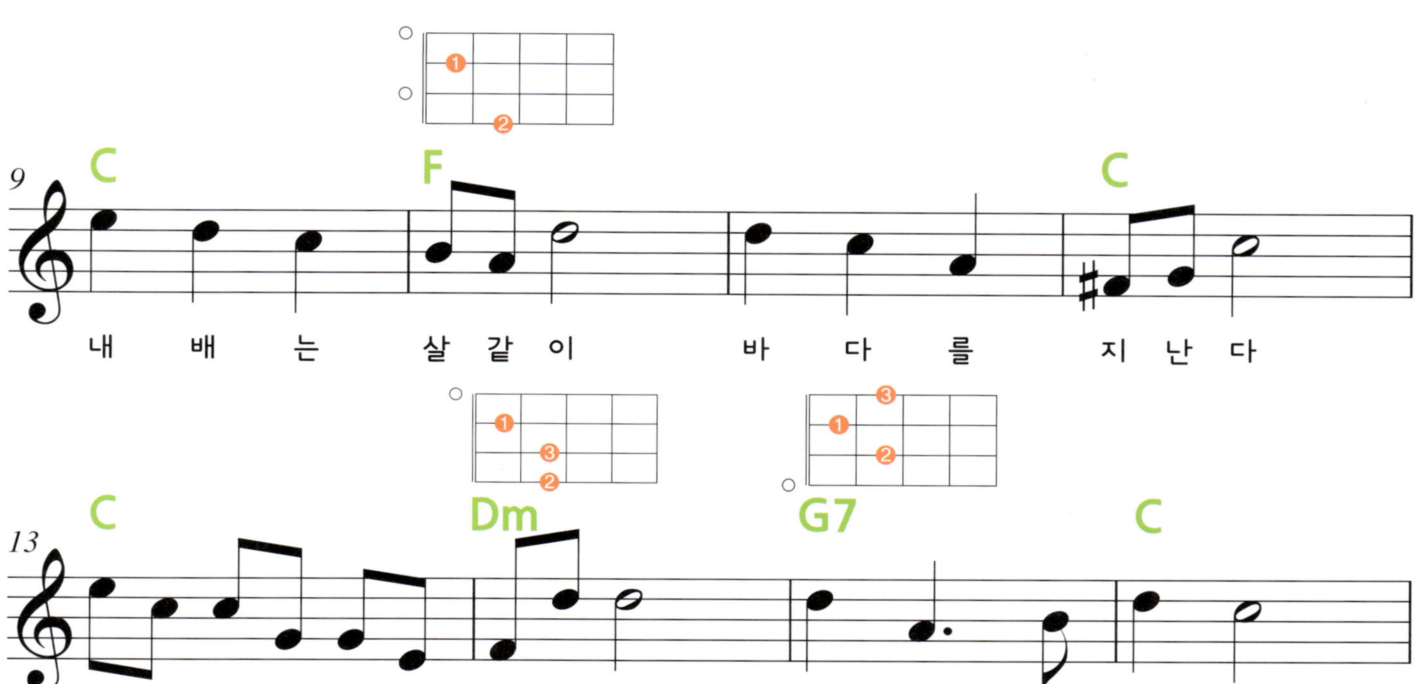
C
F
C
내 배 는 살 같 이 바 다 를 지 난 다
C
Dm
G7
C
산 - 타 - 루 - 치 - 아 산 타 루 치 아

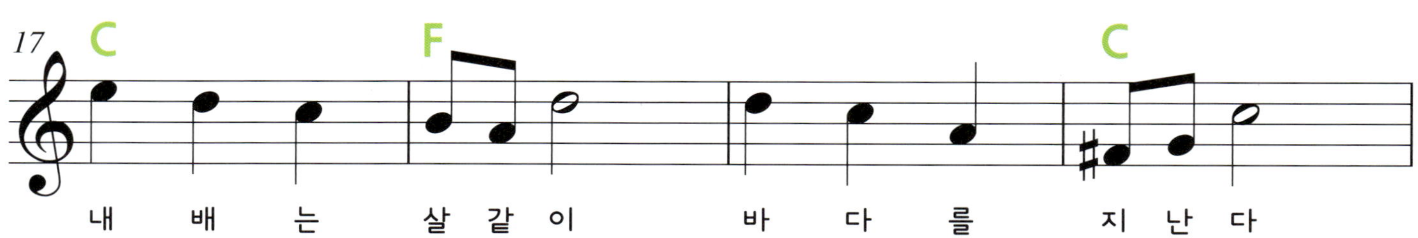
C
F
C
내 배 는 살 같 이 바 다 를 지 난 다

C
Dm
G7
C
산 - 타 - 루 - 치 - 아 산 타 루 치 아

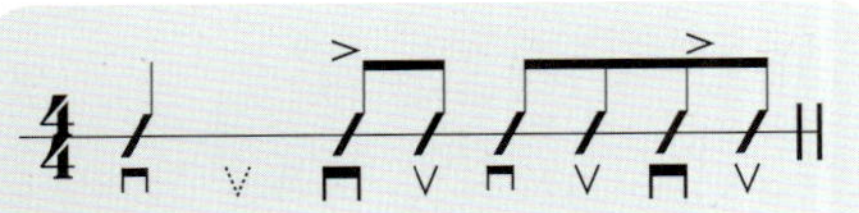

한 마디에 코드가 한번 바뀔 때

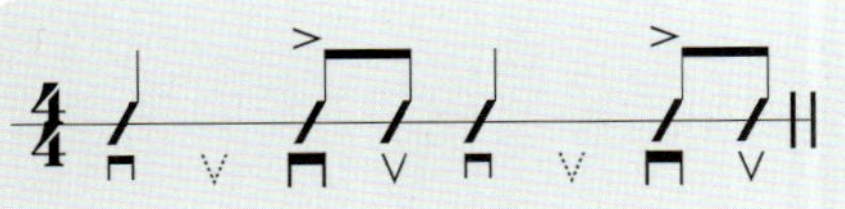

한 마디에 코드가 두번 바뀔 때
(8, 12, 16마디)

산중호걸

이요섭 작사 · 작곡

책에 나온 코드표

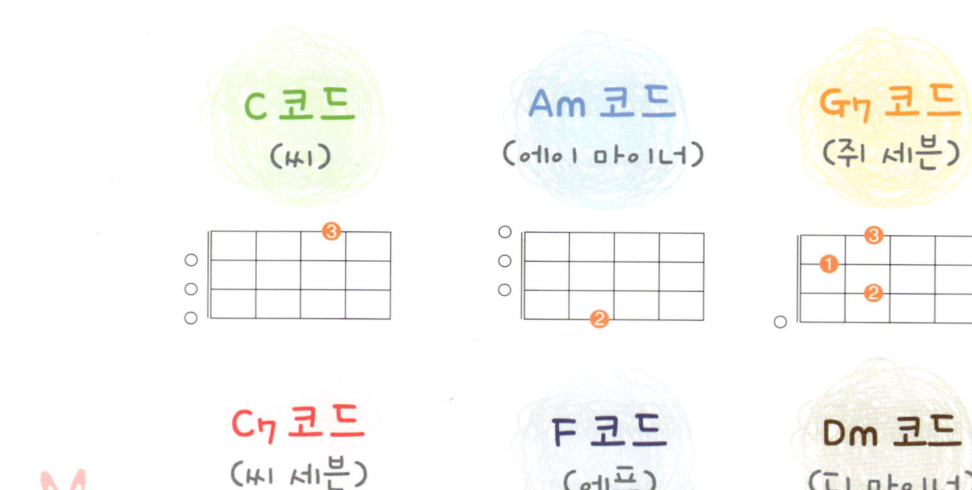
C 코드
(씨)
Am 코드
(에이 마이너)
G7 코드
(쥐 세븐)
C7 코드
(씨 세븐)
F 코드
(에프)
Dm 코드
(디 마이너)

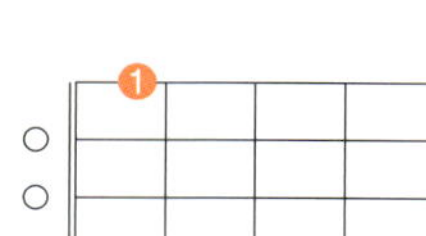

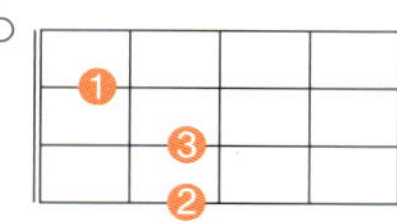

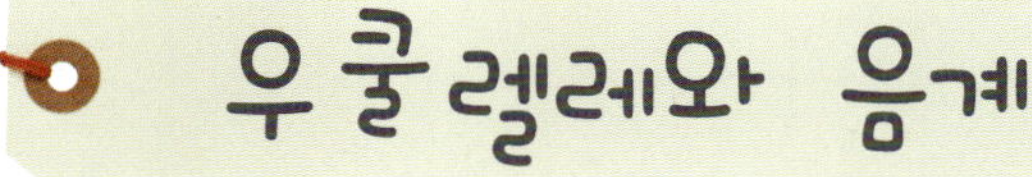
우쿨렐레와 음계

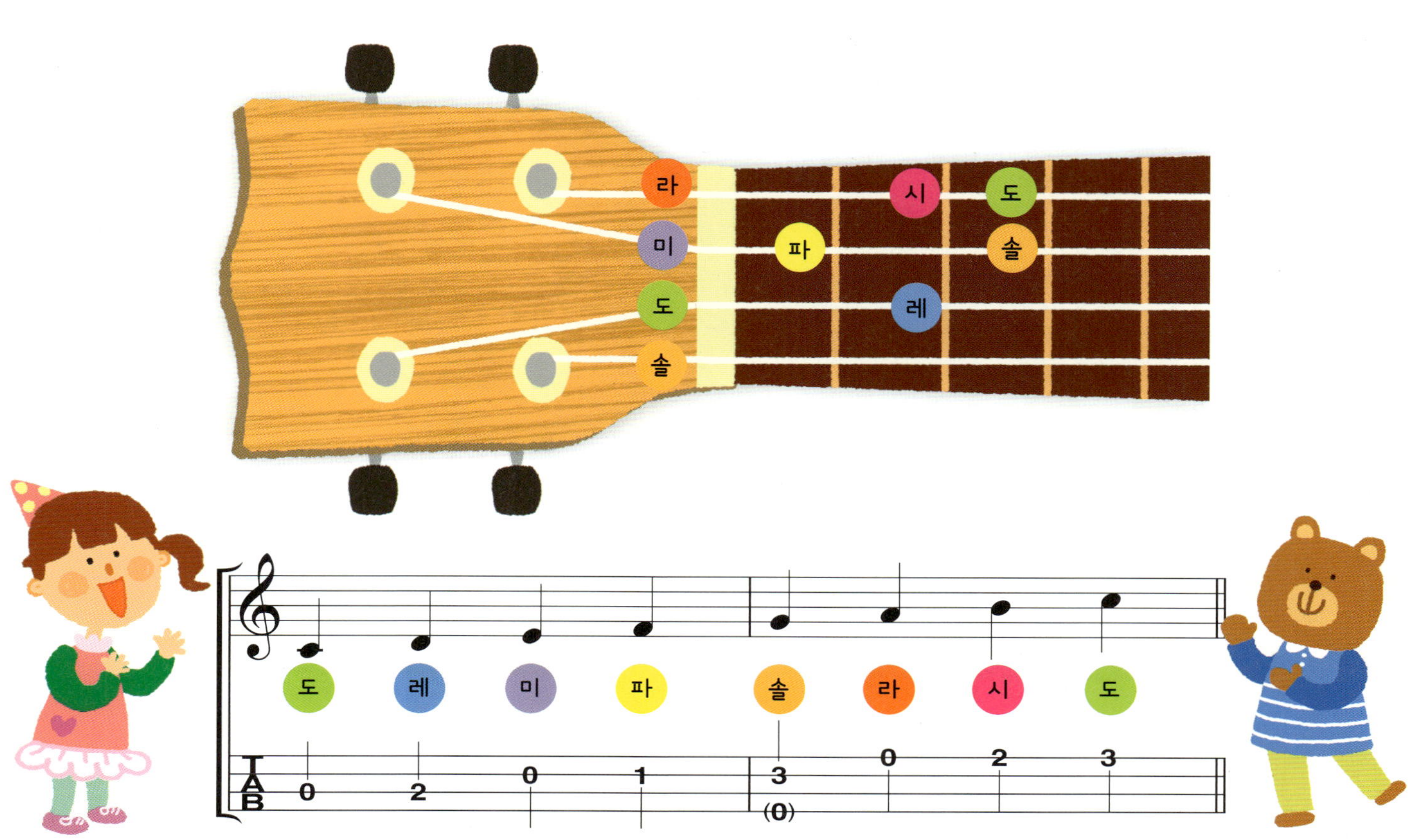
라
시
도
미
파
솔
도
레
솔
도 레 미 파 솔 라 시 도

저자약력 Profile

저자 **강경애**

학력 인하대학교 철학과 졸업
동아방송예술대학 영상음악과 졸업 (기타 전공)
청운대학교 산업기술경영대학원 실용음악과 졸업

약력 現 한국즐거운칼림바 생활음악 협회장
現 한국기타우쿨렐레교육협회 회장
現 리디안 우쿨렐레 오케스트라 고문
現 기타, 우쿨렐레 등록민간자격 교육기관장

경력 문화회관, 여성회관, 중학교 특기적성 지도교사
인하대, 경인교육대학교 평생교육원 강사
서울신학대학교 출강
중등교사 직무연수 강의 (기타, 우쿨렐레)
다수의 공연 연주 활동

저서 왕초보자를 위한 아이러브 우쿨렐레 (디자인기타)
강경애의 미치도록 쉬운 기타 1, 2 (삼호ETM)
강경애의 왕! 초보 우쿨렐레 (삼호ETM)
강경애의 왕! 중급 우쿨렐레 (삼호ETM)
강경애의 왕! 쉬운 우쿨렐레 1, 2 (삼호ETM)
강경애의 왕! 좋은 우쿨렐레 (삼호ETM)
강경애의 왕! 쉬운 칼림바 (삼호ETM)
[개정판] 강경애의 미치도록 쉬운기타 1, 2 (삼호 ETM)
[개정판] 강경애의 왕! 쉬운 우쿨렐레 1, 2 (삼호ETM)
[개정판] 강경애의 왕! 중급 우쿨렐레 (삼호ETM)

발 행 일 2013년 2월 28일(1판 1쇄)
2025년 9월 30일(1판 19쇄)

발 행 인 김두영
저 자 강경애
발 행 처 삼호ETM (http://www.samhomusic.com)
우편번호 10881
경기도 파주시 문발로 175
마케팅기획부 전화 1577-3588 팩스 (031) 955-3599
콘텐츠기획개발부 전화 (031) 955-3589 팩스 (031) 955-3598
등 록 2009년 2월 12일 제321-2009-00027호

ISBN 978-89-6721-025-0
978-89-6721-024-3(세트)